ENCONTROS COM DEUS

Jennifer Skiff (org.)

ENCONTROS COM DEUS

Histórias Extraordinárias de Contato Pessoal com o Divino

Tradução:
CLEUSA MARGÔ WOSGRAU
EUCLIDES LUIZ CALLONI

Editora Pensamento
SÃO PAULO

Título do original: *God Stories – Inspiring Encounters with the Divine.*

Coordenação editorial: Denise de C. Rocha Delela e Roseli de S. Ferraz
Preparação de originais: Roseli de S. Ferraz
Revisão: Claudete Agua de Melo
Diagramação: Fama Editoração Eletrônica

Dados Internacionais de Catalogação na Publicação (CIP)
(Câmara Brasileira do Livro, SP, Brasil)

Encontros com Deus : histórias extraordinárias de contato pessoal com o divino / Jennifer Skiff, (org.) ; tradução Cleusa Margô Wosgrau, Euclides Luiz Calloni. — São Paulo : Pensamento, 2011.

Título original: God stories : inspiring encounters with the divine.
ISBN 978-85-315-1763-1

1. Milagres 2. Presença de Deus I. Skiff, Jennifer.

11-11629 CDD-248.2

Índices para catálogo sistemático:
1. Presença de Deus : Cristianismo 248.2

O primeiro número à esquerda indica a edição, ou reedição, desta obra. A primeira dezena à direita indica o ano em que esta edição, ou reedição, foi publicada.

Edição	Ano
1-2-3-4-5-6-7-8-9-10-11	11-12-13-14-15-16-17-18

Direitos de tradução para o Brasil
adquiridos com exclusividade pela
EDITORA PENSAMENTO-CULTRIX LTDA.
Rua Dr. Mário Vicente, 368 — 04270-000 — São Paulo, SP
Fone: (11) 2066-9000 — Fax: (11) 2066-9008
E-mail: atendimento@editorapensamento.com.br
http://www.editorapensamento.com.br
que se reserva a propriedade literária desta tradução.
Foi feito o depósito legal.

Sumário

A todas as belas almas que passaram por esta vida e permanecem comigo

Introdução

Por que estou aqui? Há algo mais? Deus existe? Essas perguntas nos inquietam incessantemente ao longo de toda a nossa vida. Mas as respostas são sempre evasivas, sempre fora de alcance. Atualmente somos pessoas práticas: precisamos de evidências antes de formar uma opinião, e muitas vezes descartamos acontecimentos para os quais não temos explicações lógicas. Entretanto, almejamos desesperadamente a segurança oferecida por um futuro certo. A busca dessa segurança dividiu as pessoas em dois grupos: as que buscam consolo na religião organizada e nas suas promessas de uma vida após a morte, e as que se consideram espiritualizadas, mas não religiosas — elas acreditam que a alma vai para algum lugar, mas não sabem exatamente para onde. Seja qual for o grupo a que pertençamos, todos queremos a mesma coisa. Desejamos a confirmação de que aquilo em que acreditamos é verdadeiro. Queremos evidências de encontros hodiernos com o Divino.

Tenho recebido provas da existência de Deus regularmente durante a minha vida, tão incontestáveis a ponto de provocarem arrepios em qualquer ateu. Essas epifanias sempre me envolvem em profunda paz interior, dissipando meus medos e trazendo-me esperanças para o futuro. A alegria intensa sentida nessas ocasiões acaba esmorecendo, e eu me deixo levar por uma complacência segura. À medida que o tempo passa e os acontecimentos da vida produzem seus danos, retomo os questionamentos, até que outra colisão inesperada com o

Divino me desperta como um mergulho em água fria e restabelece a minha fé. Eu sei que não estou sozinha. Como a prova que recebemos não é palpável, muitas vezes nos agarramos a ela por algum tempo, e depois a soltamos. Mas o nosso apetite continua insaciável. Como formigas num grão de açúcar, queremos mais. É esse anseio que nos trouxe até aqui.

Ao virar as páginas deste livro, calafrios podem percorrer todo o seu ser; seus olhos podem encher-se de lágrimas e os pelos nos seus braços podem de repente eriçar-se à medida que começam a aparecer as respostas às perguntas que você sempre se fez.

O motivo que me levou a escrever um livro desta natureza não é o mais óbvio. Certamente não sou especialista em assuntos relacionados a Deus ou a religião. A ideia me ocorreu pela primeira vez quando uma ministra me perguntou se eu havia tido algum contato com o divino. Perguntei-lhe o que queria dizer com isso, e ela explicou que é uma experiência que pode ser considerada um verdadeiro milagre que prova a existência de Deus.

Ninguém me havia feito essa pergunta antes. Na verdade, eu tinha histórias. Eu não me arriscara a falar delas a muitas pessoas, mas definitivamente tinha o que eu acreditava ser encontros com o Divino. A ideia despertou o meu interesse como jornalista, e eu me perguntei se muitas outras pessoas também teriam histórias. Para descobrir, comecei a sondar os meus amigos e amigas, e o que aconteceu em seguida me surpreendeu sobremaneira. Compreendi que uma inteligência Divina, que muitos chamam Deus, entra em contato com milhões de pessoas todos os dias.

Um dos meus próprios encontros aconteceu quando eu tinha 32 anos. Era um período de muita tristeza e decepção. Profissionalmente, eu fazia muito sucesso — trabalhava como correspondente para a CNN, a maior rede de notícias do mundo. Pessoalmente, porém, eu estava muito infeliz e me sentia um fracasso. Estava no meu segundo casamento, e pela segunda vez pensava em me divorciar.

Foi nessa época que comecei a sentir dores na perna direita. Depois de meses consultando médicos que não conseguiam detectar o problema, fui encaminhada ao chefe da Ortopedia do Hospital Geral de Massachusetts, em Boston, onde recebi a confirmação de que eu tinha um tumor na medula óssea. Eu precisava ser operada imediatamente.

Quando acordei da cirurgia, o médico disse que tinha conseguido salvar a minha perna temporariamente, mas que sem dúvida eu tinha câncer ósseo. Embora possa parecer terrível, senti uma espécie de alívio ao saber que não precisava continuar vivendo.

E então algo muito estranho aconteceu. No período de 48 horas após o diagnóstico, comecei a receber cartões, flores, bichos de pelúcia e presentes de iguarias deliciosas para comer. Eu não fazia ideia de como tantas pessoas sabiam que eu estava no hospital. Uma pessoa que eu não via desde criança me escreveu para dizer como eu influenciara sua vida. Chegavam bilhetes de diferentes regiões do país, de pessoas que eu não conhecia, dizendo que estavam rezando por mim. Meus amigos e familiares choravam e me cobriam de afeto. Eu estava envolvida numa ardente atmosfera de amor.

Quase uma semana depois da cirurgia, eu estava na cama do hospital imaginando o meu funeral, quando o médico entrou correndo, ofegante. Ele me olhou com um sorriso enorme no rosto.

"Nunca consigo dizer isso", disse ele, sacudindo a cabeça e jogando as mãos para o ar. "Benigno!"

"Benigno? O que você quer dizer com 'benigno'? Eu pensava que era maligno."

"Era", ele disse. "A imagem que vimos dizia que era maligno. Os resultados que acabaram de chegar do laboratório dizem que é benigno. Vamos trabalhar com a hipótese de benigno!"

A experiência toda foi a prova de que eu precisava. Eu recebera sinais anteriormente, mas esse era evidente. Havia um Deus para mim, um Deus que deixava claro que era importante que eu continuasse vivendo — para trabalhar em favor de uma mudança positiva no mundo e para ver e compreender tudo aquilo com que eu fora abençoada.

Algumas pessoas passam a vida inteira questionando, outras recebem o que acreditam ser uma prova. A confirmação para a atriz Jane Seymour veio quando ela fazia um filme na Espanha. Ela tomou um antibiótico para tratar uma bronquite e imediatamente teve um choque anafilático. "O que lembro em seguida é que eu estava em pânico, mas logo não estava mais", ela disse. "Eu estava muito calma. Olhava para baixo, para o meu corpo. Compreendi que estava fora do meu corpo e que ia morrer. Então me dirigi a quem quer que estivesse lá em cima — Deus, um Poder Superior, seja do que for que se queira chamá-lo — dizendo simplesmente: 'Quem quer que sejas, não negarei a tua existência. Não te decepcionarei. Não desperdiçarei um único minuto da minha vida se eu a receber de volta'." Neste livro você descobrirá o que aconteceu em seguida e que mudou para sempre a vida de Jane Seymour.

Encontros com Deus reúne um conjunto de experiências diante das quais a única expressão possível é: *Aha!* As histórias são contadas por pessoas de todas as classes e posições sociais — todas celebrando aquele momento indescritível em que receberam a confirmação dramática da existência de um Poder Divino. O resultado é pura inspiração: uma compilação de experiências extraordinárias que renovaram espíritos e afirmaram crenças.

Na Califórnia, o despertar espiritual do senador Dick Mountjoy chegou num momento em que ele estava envolvido numa batalha política e nas profundezas do desespero profissional. Uma estranha se aproximou dele, colocou a mão no seu ombro e perguntou se podia rezar por ele. Sua vida mudou nesse exato momento. Ele descreve como uma onda de calor se espalhou rapidamente por todo seu corpo e uma sensação de calma o envolveu por inteiro. Desse momento em diante, ele passou a conviver com uma sensação de conforto e todas as preocupações se desvaneceram.

No Maine, uma jovem mãe descreve o momento aterrador em que percebeu que ela e seus filhos morreriam. Ela dirigia por uma estrada do interior quando dois carros num racha surgiram numa elevação diretamente à sua frente, ocupando as duas pistas. Ela não teve tempo de evitar uma colisão frontal. Em *Encontros com Deus*, ela conta como Deus interveio e salvou sua vida.

Shirley Blake descreve um estupro brutal como sua epifania. Ela estava com 59 anos. Naquele que só pode ser descrito como o momento mais aterrador da sua vida, ela diz que ouviu a voz de Deus tranquilizando-a e confortando-a. Neste livro você descobrirá por que, hoje, ela diz que viveu uma experiência de iluminação.

Compreendi o significado deste projeto quando comecei a coletar histórias. Meu objetivo era ser entrevistada pela mídia na esperança de que a publicidade dirigiria as pessoas para o meu *website*, onde poderiam narrar suas histórias. No início desse processo, fui entrevistada pelo editor de um jornal no escritório dele. Ao término da entrevista, perguntei se ele tinha uma história. Ele respondeu que sim, e começou a chorar. Paralisada pela surpresa, eu não sabia o que fazer. E então, enquanto ouvia, percebi como eu era privilegiada por ele contar-me sua história.

Mal sabia eu que essa experiência profunda se repetiria todos os dias daí em diante. Todas as manhãs, ao nascer do sol, eu saltava da cama e corria para o computador, para ler as histórias que chegavam. Algumas me faziam chorar. Outras simplesmente me surpreendiam, como a história inesperada do meu marido sobre a cicatriz na sua testa.

Quando comecei a procurar histórias, eu disse que estava buscando uma coisa: o momento em que a pessoa recebeu uma prova pessoal de que Deus ou um Poder Divino existe. Pessoas de muitas religiões, culturas e raças responderam. As histórias que ofereceram são verdadeiras para elas. Muitas reações a este livro serão de ceticismo, mas creio que o resultado final será um diálogo saudável.

Comecei o processo de coleta criando um *website*, www.GodStories.com, para o qual as pessoas podiam encaminhar suas histórias. Em seguida, trabalhei com os meios de comunicação para direcionar as pessoas para ele. No *site*, as pessoas eram solicitadas a fornecer detalhes pessoais, a declarar que as histórias eram suas e a concordar com o uso de seus nomes verdadeiros. As que não quisessem usar o seu nome verdadeiro não teriam suas histórias publicadas.

Se eu julgava a história apropriada para constar do livro, entrava em contato com a pessoa e em geral iniciava uma série de entrevistas via e-mail e por telefone. Nem sempre era possível realizar entrevistas pessoalmente, porque as histórias chegavam do mundo todo. Depois das entrevistas, algumas histórias eram excluídas, pelas mais diversas razões.

Surpreendentemente, ao receber as histórias, percebi que elas giravam em torno de alguns temas. Esses temas se tornaram capítulos, e o livro que você tem em mãos tomou forma.

Creio que a leitura deste livro produzirá uma mudança na sua vida, do mesmo modo que mudou a minha depois que ouvi essas histórias. Permanece em mim um sentimento de assombro, de otimismo e de fé indelével em algo que antes eu questionava. E esse sentimento não desaparece na última página, porque se você se permitir acreditar, encontrará histórias extraordinárias de contato pessoal com o divino acontecendo em sua vida todos os dias.

"UM BELO SINAL"

Um Olhar Além

"Deus, inspira-me as palavras que devo dizer!"

MARIAN BROWN,
Repórter Forense

Na idade adulta, afastei-me da fé católica romana em que fui criada. Eu ainda acreditava em Deus e fazia minhas orações pessoais, mas muitas vezes duvidava que Ele estivesse ouvindo. Num dia muito especial, Sua mensagem extinguiu todas as dúvidas.

Meu marido, Steve, e eu morávamos com os nossos dois filhos em San Diego County, Califórnia. A nossa casa foi uma das primeiras a queimar naquela que ficou conhecida como a Tempestade de Fogo de 2003 — o segundo maior incêndio florestal na história dos Estados Unidos. Ele atingiu mais de 750 mil acres, destruindo a vida animal, 3.710 casas, e matando 24 pessoas no mês de outubro daquele ano.

Só pudemos voltar aos escombros da nossa casa muitos dias após a evacuação. Um grupo de vinte amigos mais próximos passou toda a manhã revirando as cinzas, na tentativa de encontrar qualquer coisa que pudesse ser salva antes da limpeza do terreno para os trabalhos de reconstrução. Todos os esforços foram inúteis. Não sobrou absolutamente nada; na verdade, o fogo foi tão violento que chegou a formar buracos com a queima de árvores até as raízes.

Eu decidi levar os nossos dois filhos até o local mais tarde naquela manhã. Eu não imaginava como eles reagiriam, mas sabia que precisavam ver os escombros com os próprios olhos para iniciar o processo de cura. Meu filho mais velho, Evan, tinha 13 anos e mostrou-se bastante estoico. Foi o mais novo, Erik, de 10 anos, que partiu meu coração ao andar sobre as cinzas chorando silenciosamente.

Eu não sabia o que dizer ou fazer diante do olhar suplicante dos meus filhos, embora soubesse que minha reação seria fundamental para o modo como suportariam o desastre. Ali parada, comecei a rezar: "Ó Deus, por favor, ajuda-me. Inspira-me as palavras. O que digo aos meus filhos que perderam o único lar que conheceram, que perderam tudo o que tinham no mundo?" Naquele exato momento, Erik gritou: "Ei, pessoal, vocês não viram uma coisa. Achei um livro aqui". Nossos amigos disseram: "Impossível. Nós reviramos as cinzas durante quatro horas e meia e não sobrou nada, seguramente nada feito de papel". Mas Erik insistiu tanto que fomos todos até o lugar onde ele apontava para o que restava de um livro. Ele se abaixou e pegou o livro, e ao fazê-lo as páginas caíram, desintegrando-se em suas mãos.

Todos sacudimos a cabeça e começamos a voltar. Alguém disse: "Sentimos muito, querido, só sobraram cinzas".

"Não. Esperem. Olhem", disse Erik, estendendo o braço. Ali, na palma da sua mão, estava um resto de papel muito queimado, do tamanho da metade de um dólar. Nele havia a figura de uma família de mãos dadas e três palavras: CONTEM SUAS BÊNÇÃOS.

"Eu adoraria ver o rosto desse menino"

PAUL HAMMOND,
Administrador de Redes de Radiodifusão

Minha esposa e eu enviávamos presentes para uma Campanha de Natal voltada para as crianças havia alguns anos, sempre embalados em caixas de sapato. Num desses anos, preparamos uma caixa realmente bonita para um menino. Quando terminamos a tarefa, olhei para minha esposa e disse: "Eu adoraria ver o rosto desse menino quando ele abrisse esta caixa".

No ano seguinte, estávamos encaminhando a preparação de outra caixa quando nos chegou às mãos uma publicação da Campanha de Natal. Minha esposa começou a ler e pouco depois me chamou para ver uma foto. Na página três, havia a foto de um menininho abraçando um urso de pelúcia, no momento em que recebia sua caixa de natal. Observando com mais atenção a caixa que estava à sua frente, vimos todos os presentes especiais (e os papéis que os envolviam) que havíamos escolhido no ano anterior, inclusive o ursinho, perfeitamente reconhecível. Era a nossa caixa!

"Mãe, olha!"

BARBARA EIKOST,
Diretora Aposentada de um Asilo de Voluntários

Eu sempre acreditei na minha fé, mas não havia passado pela experiência de um "evento espiritual" até a manhã de 5 de janeiro de 1998. Meu marido, Bill, de 61 anos, dera entrada no hospital na véspera do ano-novo, quando recrudesceram os sintomas do seu mieloma múltiplo. Nos quatro dias seguintes, seu estado pareceu estabilizar-se, mas percebemos que o tratamento que se mostrara eficaz durante sete anos já não produzia os efeitos esperados.

O nosso filho que morava próximo fora muito solícito, e no dia 4, um domingo, o nosso outro filho que morava em Atlanta viajou de avião até Toledo porque acreditava que sua presença era importante. Bill ficou muito feliz por ter os seus dois filhos junto dele. Ele estava lúcido, atento aos resultados dos jogos no Rose Bowl, e parecia tranquilo quando os amigos passavam pelo quarto para desejar-lhe melhoras rápidas. Meus filhos e eu fomos para casa tarde da noite.

Fomos subitamente acordados às quatro horas da madrugada com um telefonema do hospital dizendo que Bill não estava passando bem e pedia a nossa presença. Em quinze minutos estávamos ao lado dele. Ele estava muito agoniado, procurando absorver oxigênio e lutando para viver. O nosso médico estava presente, ajudando-nos a entender o que acontecia.

Meus filhos e eu envolvemos Bill com expressões intensas de amor e gratidão por tudo o que ele fora para nós. No exato momento em que ele deu o último suspiro, meu filho literalmente gritou: "Mãe, olha!" Nos céus daquele dia cinzento de janeiro, um arco-íris reluzente revelava-se em toda sua beleza. Não havia chuva nem sol, mas essa faixa colorida no céu nos dizia de um modo inexplicável que o nosso amado marido e pai estava sendo levado deste mundo para um lugar melhor.

Eu nunca questionei essa experiência e nunca esperei entendê-la totalmente. Eu simplesmente a aceito como expressão maravilhosa de um mistério insondável.

"Deus realmente me salvou"

STEPHEN WOOD,
Proprietário de Jardim de Infância

Era o dia 28 de outubro de 1991, e eu resolvera voar de parapente de um morro de cento e poucos metros de altura. Havia muito vento naquele dia, e quando cheguei ao topo percebi que seria muito perigoso planar desse ponto. Então desci uns sessenta metros, na esperança de poder fazer um pequeno voo. Coloquei a mochila no chão e estava ajustando um dos elevadores (tiras parecidas com cintos de segurança que ajudam a manter o equilíbrio) quando ouvi um farfalhar entre os arbustos. Eu tinha sido avisado de que havia muitas cobras venenosas na propriedade, e logo pensei que podia ser uma serpente. Por isso, joguei a mochila nos ombros, verifiquei a segurança de ambos os elevadores e saltei. No instante em que saltei, porém, lembrei que não havia ajustado o segundo elevador — eu estava totalmente fora de sincronia. Fui girando em direção ao morro, consegui corrigir, mas acabei entrando numa corrente ascendente. Agora eu estava duzentos metros acima do ponto do salto. Uma forte turbulência emaranhou e fechou o parapente. Como um saco de batatas, caí mais de cem metros.

Minhas costas estavam quebradas, mas eu estava vivo. Quando saí da UTI, os médicos me disseram que as lesões eram tão sérias que a coluna precisaria ser recuperada com placas e parafusos. Uma vértebra estava fragmentada e outras duas fraturadas. A cirurgia seria feita dentro de três dias.

Na manhã antes da operação, acordei com a visão de um médico vestindo um jaleco branco, de pé ao lado da minha cama. Ele estava animado e me disse para não me submeter à cirurgia, mas ficar na cama e deixar a coluna curar naturalmente. Acrescentou que havia atendido um paciente que havia sofrido uma lesão semelhante à minha num acidente de paraquedas e que se curara naturalmente permanecendo deitado durante oito semanas, e que estava bem. Eu agradeci e ofereci a mão para saudá-lo, mas ele literalmente desapareceu — evaporou-se na minha frente. Mas ele era tão real como qualquer pessoa!

Uma enfermeira entrou no quarto cinco minutos depois e eu lhe contei o que havia acontecido. Ela me disse para fazer exatamente o que ele havia aconselhado e para não falar a ninguém sobre a minha experiência. Mais tarde na mesma manhã, eu estava sendo levado na minha cama para uma ressonância magnética e reconheci o médico num retrato de tamanho natural na parede do corredor. Na volta, mencionei o fato à enfermeira e ela disse que sabia. O homem, disse ela, era Sir George Bedbrook, um cirurgião muito admirado e respeitado que fora homenageado tendo seu nome dado àquela ala do hospital. Sua especialidade era tratar a coluna com métodos naturais, não cirúrgicos. Segundo a enfermeira, ele havia falecido três semanas antes.

Aquele foi um dia difícil. Eu precisava dizer ao meu cirurgião, à minha esposa e aos meus pais que ficaria de cama e deixaria a coluna se curar naturalmente. O cirurgião explicou que a lesão era grave demais para essa opção. Minha esposa e meus pais receberam a incumbência de me convencer a aceitar a cirurgia.

Não me deixei convencer e, hoje, quinze anos depois, gozo de perfeita saúde e administro um negócio que me exige muito fisicamente. Nunca esqueci a visita que recebi e que foi realmente um ato de intervenção direta de Deus. Eu me considero a pessoa mais sortuda do mundo!

"Você consegue!"

MARIE DESJARDINS,
Garçonete Aposentada

Quando eu estava com 28 anos, em 1978, sofri uma ruptura no intestino delgado. Minha filha de 6 anos me encontrou no chão de casa, inconsciente. Ela pediu ajuda e eu fui levada às pressas para o hospital, mas era muito tarde. O médico achava que eu não conseguiria sobreviver. Meu corpo estava parando de funcionar e eu oscilava entre momentos de consciência e de inconsciência. O médico chamou os meus familiares e o padre para me dar a unção dos enfermos.

Naquela mesma noite, eu estava sozinha no quarto do hospital, com dores muito fortes, quando uma enfermeira surgiu ao meu lado. Ela vestia um uniforme e parecia muito velha, cheia de rugas no rosto. Olhando para suas mãos, vi que se estendiam na minha direção. Algo dentro de mim dizia que se eu tocasse aquelas mãos, a dor diminuiria. Então estendi os braços, mas ela já não estava mais lá.

Lembro ter mencionado essa mulher às outras enfermeiras, mas todas disseram que ninguém com aquela aparência trabalhava no hospital. Falei com o médico, e ele disse que eu estava tendo alucinações. O padre, por sua vez, disse que era a nossa Santa Mãe que vinha me buscar. Mas, acrescentou, ela não me levara porque eu ainda tinha alguma coisa a fazer antes de partir.

Apesar dos prognósticos, eu sobrevivi. Mas quando relatei a história de Nossa Senhora ao meu marido, ele pensou que eu estava ficando louca. Então interrompi a história e nunca mais voltei a falar nela.

Vinte anos depois, vi no quadro de avisos da igreja a divulgação de uma peregrinação a uma vila situada na Bósnia-Herzegovina, chamada Medjugorje. Eu nunca ouvira falar desse lugar e não sabia da sua importância. Lendo sobre ele, descobri que se tratava de uma pequena vila onde a Santíssima Virgem Maria havia aparecido e anunciado mensagens para o mundo. Eu soube que precisava ir até lá.

E fui, percorrendo a enorme distância desde a minha casa, no norte do Maine, até a Bósnia-Herzegovina. Ao chegar lá, ajoelhei-me para rezar diante da estátua de Maria. Suas mãos estavam estendidas para mim, e naquele instante eu me lembrei da mulher que me aparecera vinte anos antes, quando eu estava agonizando no hospital. Eram as mesmas mãos! Quando olhei para os dedos, percebi que estavam enegrecidos e rachados, e eu me surpreendi dizendo: "Mãe Santíssima, se eu morasse perto de ti, eu consertaria e pintaria as tuas mãos". Não sei por que eu disse isso. Eu nunca havia pegado um único pincel na mão! Mas enquanto dizia essas palavras, ouvi uma voz em meu coração dizendo que eu o faria.

Logo depois da minha volta, um homem que eu só conhecia de vista bateu na porta de casa. Ele nunca fizera isso antes, e me fez uma única pergunta. Ele queria saber onde poderia consertar as mãos de uma estátua de Nossa Senhora das Graças. Eu não conseguia acreditar. Por que ele procurara exatamente a mim? Eu disse a ele que poderia consertá-la, embora não tivesse nem ideia de como proceder! Mas continuei a ouvir uma voz interior no meu coração dizendo: "Você consegue. Você consegue".

Naquela noite, rezei pedindo ajuda para consertar as mãos da estátua. No dia seguinte, fui a uma loja e comprei gesso e argila. Trabalhei toda a semana com os diferentes componentes, esculpindo-os e queimando-os no forno até conseguir.

Com o tempo aprendi a consertar uma estátua usando argamassa e lixa fina, e fazendo o acabamento com tinta. Até hoje já consertei e recuperei mais de mil estátuas de Nossa Senhora. Nunca cobrei por esse trabalho. Essa é a minha missão. Esse é o meu propósito. Acho que é o meu ministério.

Guardei silêncio sobre essa história durante mais de vinte anos porque achava que as pessoas pensariam que eu estava louca. Mas creio que sobrevivi naquela noite, quando estava com 28 anos, para realizar este trabalho.

"Elvis foi o meio de me ligar a ela"

BILL BUTLER,
Radialista

Minha mãe faleceu quando eu tinha 6 anos de idade. Ela era mãe solteira e me criava sozinha. Ela era tudo o que eu tinha.

Minha mãe era fã incondicional de Elvis Presley. Ouvir os discos de Elvis com ela é uma das minhas lembranças mais queridas. Depois que ela faleceu, Elvis passou a ser o meio de me ligar a ela.

Quando eu estava com 26 anos, minha esposa e eu tivemos a oportunidade de ir a Nashville. Prometi a ela que terminaríamos a semana em Memphis. Eu queria ver Graceland.

A viagem foi ótima e tivemos dias fantásticos. Há uma loja de presentes em cada uma das saídas do museu em Graceland, tentando o visitante a comprar alguma coisa no fim da visita. Eu peguei um DVD na primeira loja e estava decidido a não gastar mais dinheiro e apenas passar rapidamente pelas outras lojas.

Depois de visitar o Sincerely Elvis Museum, eu saía rapidamente da loja de presentes quando um pequeno objeto brilhante me chamou a atenção. Havia centenas de pingentes com nomes à mostra, e aquele que me chamou a atenção estava fora da ordem alfabética. Ele tinha o formato de um coração, com a silhueta de Elvis e o nome da minha mãe, Sheila.

Naquele momento senti um arrepio percorrer todo o meu corpo. Acredito que o meu coração estava se dirigindo a Deus, pedindo confirmação de que minha mãe se encontrava num lugar melhor, e Ele se sentiu impelido a responder. Eu soube então que existia um Deus e que eu era amado. Depois disso, nunca mais duvidei.

"Acredite"

BILL FOLEY,
Professor Aposentado

Eu planejava visitar meu irmão no dia 29 de dezembro de 2002, num esforço constante para melhorar o nosso relacionamento. Eu imaginava que poderíamos assistir juntos ao último jogo do ano do New England Patriots. Porém, o dia ficou muito frio, e não tive ânimo de sair da minha casa quentinha. Minha consciência me instigava a ir — lembrando-me que eu apreciaria mais o jogo se o assistisse com outra pessoa. Mas não fui.

Na época, eu tinha sérias dúvidas sobre a existência de Deus. Amigos haviam me sugerido que invocasse Deus em todas as situações do cotidiano para tentar estabelecer contato com Ele. Assim, em vez de assistir ao jogo com meu irmão, convidei Deus para assistir ao jogo comigo.

Era um jogo de pontuação baixa. Os Miami Dolphins ganhavam com uma vantagem de oito pontos apenas, mas jogavam melhor. Faltando oito minutos para terminar o jogo, o zagueiro dos Patriots tentou um passe que foi interceptado. Parecia que o jogo havia acabado. As câmeras de televisão focalizavam os torcedores gritando fora do estádio.

Eu me dirigi a Deus e lembrei-lhe que eu ainda lutava com a crença em sua existência. E embora não estivesse realmente preocupado com o resultado do jogo, garanti-lhe humildemente que se Ele promovesse uma reviravolta nessa altura do jogo, isso fortaleceria a minha cambaleante fé.

A jogada seguinte parou na linha das dez jardas e os adversários marcaram mais um *field goal*, ampliando a vantagem para onze pontos; agora os Patriots precisariam marcar duas vezes em cinco minutos para vencer.

Então os Patriots ganharam a bola do lançamento inicial dos oponentes, mas dois lances depois o zagueiro lançou a bola na direção de um adversário. Pressentindo o pior, um jogador do Patriots interpôs-se violentamente para evitar a interceptação. Eu esperava que os árbitros o penalizassem, mas, estranhamente, decidiram que os oponentes haviam interceptado e deram a bola ao Patriots. Foi então que perguntei a Deus se Ele havia distorcido a percepção dos árbitros no momento da infração. Ele não respondeu, mas nos poucos minutos seguintes parecia que uma virada estava em andamento. De repente, o time do New England reviveu. Então, além da jogada anterior claramente faltosa, ocorreram outras duas decisões questionáveis dos árbitros, dois chutes desastrosos dos Dolphins, duas bolas apanhadas pela defesa dos Patriots e um "cara ou coroa" favorável. O lançamento inicial foi tão incomum que um dos jogadores disse para um repórter, "Foi como se o Senhor estendesse o braço e tocasse a bola para dizer: 'Estou com vocês, rapazes!'"

Durante aqueles poucos minutos de perplexidade, eu me surpreendi perguntando a Deus: "Como você faz isso?" E tive a sensação de que havia uma conexão diferente na minha mente, algo que eu nunca experimentara antes.

Mas então os velhos pensamentos habituais que sempre identifiquei como meus começaram: "Seja sensato — você já viu essas coisas muitas vezes. Foi só mais uma coincidência".

Os Patriots ganharam o jogo por um lance na prorrogação. Eu não conseguia acreditar! Eu havia pedido para que isso acontecesse, e aconteceu. Terminei de joelhos na frente da TV. "Não posso acreditar que você fez isso. Você é mesmo real", pensei. A TV ainda estava ligada, mas sem áudio. Eu vi o zagueiro sendo entrevistado e então começou um comercial de cerveja. O tumulto na minha mente continuava. "Você viu esse tipo de coisa centenas de vezes. É pura coincidência. Você está se iludindo!" A dúvida voltou a se insinuar. O comercial da cerveja terminou e uma única palavra encheu a tela: ACREDITE. Eu chorava e ria ao mesmo tempo, e daí em diante nunca mais fui o mesmo.

"Uma imagem emoldurada de Cristo"

PATRICIA FRYTERS,
Auxiliar Administrativa

Eram cinco horas da tarde e o sol já estava descendo no horizonte. A igreja católica que eu frequento estava aberta para a adoração do Santíssimo Sacramento. Eu estava sentada na ponta de um banco, passando uma hora com Jesus um pouco antes da Páscoa.

Um amigo se levantou para sair; meus olhos o seguiram pelos bancos da igreja até que vi na parede uma imagem emoldurada de Cristo — apenas o rosto, olhando para baixo, com uma coroa de espinhos na cabeça. Fiquei em contemplação durante alguns momentos, pensando na beleza dos raios de luz.

A imagem me interessou tanto, que na saída resolvi observá-la novamente. Fui até onde o quadro estava pendurado e, para minha surpresa, o que eu vira não estava lá. Em seu lugar havia uma grande moldura com um bordado em ponto-cruz de um cordeiro sacrificial preso num espinheiro. Eu me perguntei: "O que aconteceu?"

Só fui entender o que havia acontecido ao chegar em casa: Eu fora testemunha de um milagre de Cristo, recebera uma mensagem direta. O Senhor estava me dizendo que ele era o cordeiro sacrificial!

Passo todos os domingos diante daquela imagem emoldurada e sorrio para mim mesma.

"Fé"

KATHY CAIRNS,
Assistente Cirúrgica

Era a manhã do dia do casamento do meu filho. A cerimônia seria realizada no jardim da nossa casa, mas o tempo estava horrível. A chuva era tão forte, que meu marido e alguns amigos mal conseguiam manter a tenda de pé.

Entrei no banheiro para tomar uma ducha e comecei a rezar para Nossa Senhora. Rezei para que a chuva parasse e o sol aparecesse.

Quando saí do banho, meu marido perguntou se eu havia escrito alguma coisa na janela embaçada no outro lado do chuveiro. Eu respondi: "Não; o que você quer dizer com isso?" Ambos olhamos para a janela ao mesmo tempo e lemos o que estava escrito: FÉ!

Então eu soube que se pusesse a minha confiança no Senhor, tudo correria bem. Naquele momento senti uma grande calma tomando conta de mim.

Tudo terminou bem. O casamento foi realizado dentro de casa. Foi uma cerimônia bela e íntima, da qual nossos amigos e toda a família sempre nos lembraremos.

“Deixa tudo com Deus”

SUSAN MOORE,
Atendente de Loja Veterinária

Eu participava de um grupo de recuperação ligado à minha Igreja, e o orientador sugeriu que para nos libertar poderíamos visualizar-nos colocando uma caixa com nossos problemas no altar diante de Deus, pedindo-Lhe que aceitasse o nosso fardo.

Eu resolvi alterar essa sugestão. Escrevi o nome de todas as pessoas que eu queria perdoar e pelas quais gostaria de ser perdoada, todos os males de que eu queria me ver livre e todos os pecados que queria confessar. Coloquei esse papel dentro de uma caixa dourada, com fotografias do meu ex-marido e da casa dos sonhos que construíramos juntos e que eu perdera com o divórcio. Depois levei a caixa até uma igreja local. No morro diante da igreja há três cruzes. Subi o morro e enterrei a caixa embaixo da cruz central. Antes de retornar, coloquei a mão na cruz e pedi a Deus que aceitasse meus fardos, pois eram muito pesados para mim. Repeti muitas vezes as palavras “Deixa tudo com Deus” e comecei a caminhar na direção do carro.

No meio do caminho, eu me virei e vi que nuvens tinham se aberto sobre a cruz central e raios do sol batiam diretamente sobre a minha oferenda. Esse foi realmente o sinal mais impressionante de toda a minha vida!

Quando cheguei no carro e vi que as nuvens tinham fechado, eu soube que os meus problemas haviam sido aceitos por Deus, e tive paz em minha vida pela primeira vez em muito tempo.

"Eu rezava e chorava por aquelas pessoas"

RHONDA GILLAM,
Amiga

Minha melhor amiga é Betty Cuthbert, a corredora olímpica australiana que quebrou dezesseis recordes mundiais em sua carreira e única mulher no mundo a vencer as corridas de 100, 200 e 400 metros nas Olimpíadas.

Em novembro de 2004, pediram o apoio de Betty em favor de 45 vietnamitas que estavam presos em Christmas Island, Austrália. Eles haviam fugido do Vietnã num barco, depois que o governo começou a torturar e prender muitos deles por distribuírem panfletos pedindo democracia e liberdade religiosa. Eles foram para a Austrália, onde pediram asilo, que lhes foi negado. Quando pediram a ajuda de Betty, eles já estavam presos havia três anos.

Nessa época Betty estava numa cadeira de rodas, sofrendo de esclerose múltipla. Ela estava paralisada, com exceção de uma das mãos. Mas depois de ouvir a história dessas pessoas que haviam fugido amedrontadas do seu país e ainda não haviam recebido permissão para entrar na Austrália, decidimos ir ao encontro delas.

As condições eram desoladoras — só sujeira e escuridão. Uma cerca de arame farpado limitava o perímetro, com guardas nos portões e nas alas. Essas pessoas, essas belas e gentis pessoas, nos encontraram com o único presente que podiam oferecer — vegetais e girassóis que haviam cultivado.

Depois da reunião com os refugiados, o motorista nos levou numa visita à ilha. Ele parou num grandioso cassino, fechado por razões políticas. Eu desci do carro e comecei a caminhar pelos arredores, pensando nas pessoas que acabara de encontrar. Eu não conseguia parar de chorar, pensando nos presos e no modo como haviam sido detidos. Lá estava eu, caminhando entre os jardins abandonados de um complexo multimilionário. Continuei imaginando como aquelas pessoas poderiam ficar livres e cuidar desses jardins.

Ainda chorando, dirigi-me ao Senhor: "Por que isso? Por que essas pessoas estão detidas quando poderiam estar cuidando deste lugar?" De repente, e isso é difícil de descrever, eu me virei e dei quatro passos na direção contrária. Parei num ponto onde dois galhos de árvore estavam caídos um sobre o outro, formando uma cruz perfeita. Naquele instante, ouvi no meu coração: "Rhonda, a cruz está vazia, mas eu estou com vocês duas".

Os vietnamitas foram libertados doze meses depois da nossa visita. A presença de Betty naquela prisão atraiu a atenção da imprensa e gerou as manifestações públicas posteriores que ajudaram a libertá-los.

"G.O.D."

BRIGITTE CARNEVALE,
Assistente Administrativa

Eu vivia uma manhã terrível. Nevava, e eu não me sentia bem. Meu marido estava com uma dor terrível na perna e não conseguia caminhar. Eu queria levá-lo ao hospital, mas ele insistia em ficar em casa. Eu estava atrasada para o trabalho e ainda precisava levar meu filho de 3 anos para a creche. Nada estava dando certo.

A caminho do trabalho, eu estava muito aflita e conversava em voz alta com Deus. Lembro de ter passado por uma igreja e dito: "Você não pode simplesmente falar comigo?" Eu quase saí da estrada quando vi três letras perfeitas acima da igreja, nas nuvens: G.O.D. (= God = Deus, em inglês).

A visão foi espantosa, mas eu me senti confortada. Ele falou comigo.

"Um belo sinal"

MICHELLE BIAGI,
Mãe

O dia do enterro do meu pai estava úmido, sombrio. A caminho das cerimônias fúnebres, eu vi um arco-íris e disse: "Muito bem, papai, o câncer se foi e agora você está com Deus, porque Ele nos está dando este belo sinal de que você está bem". Ao dizer isso, senti-me muito consolada.

Mas não fui a única a receber o consolo desse arco-íris. Os meus familiares e o próprio sacerdote fizeram menção a ele. Na igreja, o padre falou sobre como o arco-íris era um sinal de Deus de que meu pai estava no céu, livre de dores e nos braços amorosos de Deus. Uma amiga de Montana (nós moramos em Ohio) nos disse que no dia do funeral não havia uma única nuvem no céu, mas havia um arco-íris visível da casa dela.

Vários arcos-íris se formaram durante a semana, e desde então, quando me sinto cansada ou passando por dificuldades, sempre aparece um arco-íris para confirmar que Deus e papai estão me orientando.

Os exemplos são inumeráveis, mas normalmente em momentos importantes da minha vida. No primeiro Dia de Ação de Graças em que recebi a família pela primeira vez, eu estava assando o peru no quintal quando vi um arco-íris. Senti que essa era uma mensagem de papai dizendo que ele estava comigo nessa ocasião. Na manhã de

Páscoa, acordei e vi um magnífico arco-íris duplo. Acordei minha mãe para que ela também o visse, e começamos a nossa Páscoa de uma maneira muito especial. Recentemente, eu passava por uma semana cansativa com meu filho de 2 anos quando vi um belo arco-íris.

E ainda mais recentemente, numa visita ao Vietnã, a prima do meu marido contraiu a gripe aviária asiática e morreu tragicamente. Eu estivera pensando nela e rezando por sua família quando lembrei que no dia de sua morte eu havia visto um arco-íris. Comecei a chorar imediatamente diante do poder espantoso da presença de Deus e do seu modo de nos lembrar que Ele está entre nós e que as pessoas que amamos estão com ele. Tudo isso é um sinal para mim. Sei que há um céu, que há vida após a morte e que um dia verei meu pai novamente.

"Foi quase um ponto de exclamação dos céus"

DAVE KREMNITZER,
Carteiro

Os números sempre tiveram um sentido especial para mim.

O mês de junho de 2002 foi um período triste. Jan, uma amiga querida e melhor amiga da minha mulher, sofreu um ataque cardíaco e morreu. Pediram-me que dissesse algumas palavras no seu sepultamento, e imediatamente surgiu em minha mente o número três.

O funeral de Jan foi realizado três dias depois da sua morte. Durante o meu pronunciamento, percebi que ela havia falecido no dia 3 de junho de 2002. Revivi lembranças queridas de casamentos e de férias e acontecimentos especiais passados juntos. Ela tivera duas famílias maravilhosas de três pessoas: Jan, seu marido e o filho; e Jan, seu irmão e seu pai. Com a sua morte, as duas famílias de três pessoas se reduziram a duas de dois.

Quando terminei o elogio fúnebre, olhei para cima. O céu estava totalmente encoberto, exceto por uma faixa azul acima de mim. Naquele exato momento, a faixa se desfez num número três perfeito. Era como se Deus estivesse falando diretamente comigo. Se havia alguma dúvida de que alguém lá em cima estava ouvindo, esse fato a extinguiu no ato. Deus não só me ouvira, mas também energizara espiritualmente minha vida para sempre. Foi quase um ponto de exclamação dos céus.

"SÓ NOTÍCIAS BOAS"

Ouvindo a Voz

"Vire-se!"

LUIS MUÑOZ,
Produtor Executivo de Televisão

Era uma noite tempestuosa no Texas. Já era tarde, por volta de uma e quinze da madrugada, quando eu voltava para casa, depois de me despedir da minha namorada. Ao ligar o rádio, tentando me manter acordado, vi um caminhão preto vindo em alta velocidade na pista contrária. Pude ver que, do outro lado da mureta central, o motorista estava perdendo o controle. O caminhão começou a sair da faixa. Quando passei por ele, indo mais para a direita para não ser atingido, ele bateu violentamente na mureta, lançando estilhaços de vidro na minha direção.

O caminhão finalmente parou alguns metros mais adiante, fumegando. Dirigi com a maior rapidez e segurança possíveis até a saída seguinte e fiz o retorno. A manobra não deve ter demorado mais do que um minuto, mas quando cheguei no local do acidente e estacionei no acostamento, um homem e uma mulher já estavam ajudando o motorista do caminhão. Eles eram médicos do serviço de emergência, de folga, e o motorista estava obviamente bêbado. Ele cheirava a álcool e havia latas de cerveja vazias na cabine do caminhão. Os médicos tentavam acordá-lo enquanto eu segurava sua mão e ajudava a chamá-lo.

Estávamos ali havia quase cinco minutos, gelados e molhados, quando dei um passo para trás para ter uma ideia do cenário todo. Eu tremia de frio. Foi quando ouvi uma voz dizer: "Vire-se!" Era um som alto e assustador que ecoava na minha cabeça. Quando me virei, vi um pequeno Honda branco vindo a toda velocidade na nossa direção — derrapando no asfalto molhado. Tive menos de um segundo para virar-me, gritar para os outros e pular da estrada. Quando eu e as outras duas pessoas ainda estávamos no ar, o Honda bateu violentamente contra o caminhão, machucando ainda mais o motorista, cortando sua perna.

A médica e eu caímos no outro lado da estrada e mal conseguimos evitar ser atropelados pelos carros que passavam. O médico não conseguiu saltar tão longe e foi atingido, mas acabou ficando bem. Nenhum deles havia ouvido nada, nem a voz nem o carro. Ambos olhavam para mim e diziam: "Obrigado! Obrigado! Obrigado!"

Pessoas que haviam parado no primeiro acidente, no outro lado da estrada, juravam que não tinham visto o carro fora de controle chegando, e quando ele bateu, pensaram que todos nós tínhamos sido esmagados. Um adolescente que viu o acidente correu para mim e disse: "Cara, como vocês todos pularam tão rápido?"

Estávamos todos tremendo, assustados e agradecidos. Nenhum de nós entendia muito bem o que acabara de acontecer, mas todos tínhamos uma certeza: alguma coisa ou alguém nos havia ajudado — não havia dúvidas sobre isso!

"Pare!"

KELLY NEWTON WORDSWORTH,
Cantora/Compositora

Eu procurava Deus desde criança. Eu havia participado de muitas vivências intensas de crescimento pessoal e estava totalmente engajada no movimento da Nova Era. Ao ler um livro de Eileen Caddy, uma das fundadoras da Fundação Findhorn, detive-me numa frase que mudou a minha vida: "Jesus disse que se obedecêssemos a Deus poderíamos fazer o que ele fez e coisas ainda maiores".

Fui então a um lugar que chamo de vale das fadas, olhei para o céu e disse para Deus: "Entrego-te toda a minha vida para servir-te e fazer diferença a teu favor nesta terra. Peço-te que me digas o que fazer, pois quero agir de acordo com as palavras de Jesus".

No dia seguinte, eu praticava um exercício de corrida leve num bosque da Austrália. E então, vinda do nada, uma voz masculina gritou "Pare!" com tanta força que me detive no mesmo instante. Olhei ao redor procurando uma pessoa, mas não havia ninguém. Então olhei para o chão. Se eu não tivesse parado exatamente naquele ponto, meu pé teria pisado bem na frente da boca de uma serpente venenosa de uns dois metros. Eu teria morrido.

O extraordinário é que não senti medo. Eu sabia que Deus tinha acabado de salvar a minha vida. Ele era real. Ele gritara para mim com uma voz real.

"Meg"

MEG ROBINSON,
Professora

Eu dirigia para casa tarde da noite na estrada interestadual de Vermont, quando comecei a cochilar. Fui despertada por uma voz masculina profunda, que vinha de trás do meu ombro direito. A voz simplesmente repetia meu primeiro nome com firmeza: "Meg!" A voz me parecia familiar, mas eu não conseguia identificá-la. Parei no acostamento e baixei o vidro do carro, quando percebi o que acabara de acontecer. A sensação era realmente esquisita. Eu sentia como se alguém familiar, que me conhecia muito bem, tivesse acabado de me salvar de uma colisão.

Eu ainda luto com a crença em Deus, mas a lembrança desse acontecimento simples me conforta.

"Estique a perna!"

RICHARD ABEL,
Proprietário de Empresa de Construção de Telhados e Tapumes

O ano era 1975. Eu estava com 21 anos e trabalhava com uma equipe de construção de telhados em Hershey, Pensilvânia. Estávamos trabalhando numa casa de dois andares separada do terreno do vizinho por um cerca de ferro com pontas. Normalmente, ao apoiar uma escada numa parede, ela deve ficar firme sobre terreno plano e resistente. Mas a cerca e sua proximidade da casa impediam-nos de posicionar a escada corretamente. Fomos obrigados a colocá-la numa inclinação de quase noventa graus (primeiro erro) e os dois pés da escada não ficaram firmes no chão (segundo erro).

Todos nós subimos e descemos a escada durante a maior parte do dia, até a minha última subida à tarde. Eu estava chegando à linha do telhado quando, num instante, um lado da escada perdeu contato com o solo e ela escorregou para o lado. Agora, em vez de estar encostada na casa, a escada estava de lado e eu caía de costas segurando a escada com as duas mãos, num abraço mortal.

Enquanto caía eu me via espetado na cerca de ferro logo abaixo. E então uma voz masculina, muito calma, gritou na minha cabeça: "Estique a perna". Naquela fração de segundo, eu objetei que esticar a perna só serviria para me afastar da casa. Em voz alta, como um pai severo, a voz comandou: "Estique a perna!" Eu estiquei a perna e ela tocou o lado da casa, de algum modo interrompendo a queda da escada. Não sei como, mas a minha perna impediu a queda pelo tempo suficiente para que os colegas me salvassem.

Ninguém pode tirar essa experiência de mim. Hoje tenho 52 anos de idade. Estou casado, tenho dois filhos e um medo saudável de altura. Até hoje não consigo explicar como aquela escada parou de escorregar, o que me salvou da morte certa. Mas creio que aquela voz sonora, orientadora, era do meu anjo da guarda, e mediante a intervenção de Deus, não era minha hora — ele tinha planos mais importantes para mim na minha jornada de vida. Agradeço a ele diariamente por minha esposa (que conheci logo depois) e pelos dois filhos que, não fosse por ele, eu jamais teria conhecido.

"Tudo vai ficar bem"

KERRI SCHUH,
Contadora

Há vinte anos, ao dar à luz a minha filha, tive uma hemorragia e perdi a consciência. Quando voltei a mim, estava na sala de recuperação. Meu marido estava sentado perto de mim, numa cadeira de balanço, segurando a nossa filha recém-nascida. Ele pôs o bebê nos meus braços, mas logo pedi que o pegasse porque senti que estava perdendo a consciência novamente.

Durante o tempo em que permaneci inconsciente, tive a nítida impressão de que Deus estava comigo. Ele me dizia para eu não me preocupar, que tudo ia ficar bem. Eu não morreria, mas seria preciso fazer uma histerectomia.

Eu oscilava entre o estado consciente e o inconsciente e os médicos e enfermeiras estavam atentos. Eu queria contar a eles que Deus dissera que eu precisaria de uma histerectomia, mas não conseguia falar. Por fim, meu médico se aproximou de mim e disse que eu precisava de uma histerectomia. Eu consegui sussurrar: "Sim, eu sei".

Sempre que conto essa história a alguém, embora as pessoas não se manifestem claramente, tenho a impressão de que pensam que eu estava apenas sonhando. Mas estou convencida de que Deus estava realmente falando comigo. Eu lembro vividamente de Deus me dizendo o que iria acontecer, do mesmo modo que lembro de tentar confirmar aos médicos que eu precisava de uma histerectomia.

"Desacelere, agora!"

KATHY SHIELDS,
Gerente de Pousada

Eu sempre acreditara em Deus, mas havia chegado a um ponto em minha vida em que não sentia mais necessidade de ir à igreja. Eu realmente achava que não precisava da orientação de Deus para ser uma boa esposa e mãe — até que aconteceu algo que mudou o meu modo de pensar.

Certo dia, meu filho perguntou: "Mamãe, Mark pode vir aqui em casa brincar depois da aula?" Sem hesitar, respondi: "Alex, você sabe que trazer alguém para brincar é uma grande responsabilidade". Eu não conseguia acreditar nos meus ouvidos. Por que eu diria uma coisa dessas? Eu gostava que os amigos do meu filho viessem brincar. Ele tornou a perguntar: "Mamãe, Mark pode vir brincar?" Dessa vez eu respondi: "Sim, claro, você pode trazer Mark para brincar hoje à tarde". E então ele perguntou: "Mamãe, você pode levar o Mark para casa depois de brincarmos?" Sem hesitação, respondi: "Você sabe, Alex, levar crianças para casa depois da escola é uma enorme responsabilidade". Fiquei temporariamente espantada com a minha resposta. Frustrada com as minhas próprias palavras, retomei a razão e disse: "Sim, claro que posso levá-lo".

Mark e Alex tiveram uma tarde maravilhosa brincando juntos, mas quando chegou a hora de Mark ir para casa, eu hesitei e me perguntei se devia deixar os meus filhos sozinhos enquanto levava Mark para casa. Era um pensamento absurdo que eu nunca alimentara antes — deixar meus filhos sozinhos. E assim acomodei todos no carro.

Quando entrei na estrada principal, uma voz — a mesma que estivera falando comigo o dia inteiro — gritou para mim: "Desacelere, *agora!*" Tirei imediatamente o pé do acelerador e olhei para a frente. Dois carros estavam praticando um racha — ocupando as duas faixas — vindo na nossa direção. Se eu virasse para a esquerda, nós quatro morreríamos instantaneamente; virando para a direita, teríamos alguma possibilidade de nos salvar. Então desviei para a direita, e não sei como, mas paramos entre uma cabine telefônica e uma placa rodoviária, e por muito pouco escapamos de uma colisão com os carros em competição.

Fiquei desnorteada durante muitos meses depois desse quase acidente. Voltei muitas vezes ao local e reconstituí o que aconteceu desde o momento em que vi os carros se aproximando. Como eu soubera que estava em perigo? Como meu carro saíra para o lado da estrada sem uma colisão? E então a pergunta mais desconcertante: Como eu tinha visto os carros se aproximando a tempo de nos salvar? Na verdade, isso não era possível, porque os carros saíram de uma curva dupla. Se eu não tivesse recebido um aviso antecipadamente, teríamos colidido de frente com os dois.

Creio que Deus me salvou naquele dia. Foi sua maneira de dizer: "Eu preciso de você de volta e quero que acredite que estarei sempre com você".

"Não salte!"

TRISH BARFIELD,
Proprietária de Imobiliária, Aposentada

Eu raramente pagava passagem de trem quando era jovem, preferindo gastar meu sacrificado salário com doces e diversões. Certo domingo, eu estava na segunda viagem do trem para a praia para ver meu namorado. Eu vi o cobrador se aproximando do vagão onde eu estava. Assustada, pensei em saltar no lado oposto ao da estação — coisa que eu já tinha feito antes.

Não havia ninguém no vagão, além de mim. Quando me preparava para saltar, assim que o trem parasse, ouvi uma voz masculina dizer: "Não salte!" Eu me virei, esperando ver o cobrador, mas não havia ninguém. No mesmo instante, um trem de carga passou zunindo. Se eu tivesse saltado, teria sido estraçalhada por aquela locomotiva.

Eu sei que a mão de Deus tocou minha vida naquele momento. Não sou religiosa. Considero "Deus" como parte da vida diária. Não preciso rezar ou ser religiosa para perceber esse lado da vida. Parece que eu não estava destinada a morrer naquele dia, e eu nunca esquecerei esse aviso.

"Deus me fez esperta"

SHIRLEY BLAKE,
Professora

Eu estava com 59 anos e morava sozinha. Eu cuidava de dois jovens carentes quando um homem bateu na minha porta perguntando por eles. Os meninos o viram e imediatamente fugiram, saindo pela porta dos fundos.

Eu não tinha ideia do que os tinha assustado tanto, até me virar e o homem me dar um soco. Eu gritei: "Deus, ajuda-me!" e ele me bateu novamente. Cada vez que eu chamava Deus, o homem me batia. Então ele começou a me estuprar. Eu implorava a ajuda de Deus enquanto ele penetrava em meu corpo. Eu sentia a presença de Satã invadindo-me. E então, de repente, senti a presença reconfortante de Deus e o ouvi dizendo-me para ficar quieta. Eu sabia que Deus não me daria nada que eu não pudesse suportar, e uma sensação de calma tomou conta de mim.

Durante várias horas fui estuprada repetida e violentamente. E então o homem me obrigou a preparar-lhe o jantar. Depois do jantar, ele me levou para o quarto e começou a estuprar-me novamente, com atos indescritíveis. Passaram-se sete horas. Apesar do horror ao meu redor, eu ainda sentia a maravilhosa presença de Deus o tempo todo. Eu estava em paz. E então Deus me fez esperta. Eu precisava ser. Eu disse ao homem: "Então, eu o verei amanhã?" Ele hesitou por um instante, questionando o que eu dissera. E então disse: "Está bem, vou te esperar no quintal". O estupro cessou. Ele se vestiu, ameaçou me matar se eu saísse de casa e saiu pela porta. Corri imediatamente até uma amiga que me levou para o hospital.

Uma policial foi ao meu quarto no hospital e eu lhe disse que queria apresentar uma queixa. Descrevi o homem como tendo uma cicatriz no peito. A polícia soube de imediato de quem se tratava. Ele estuprava e batia em mulheres desde os 12 anos de idade, mas como sempre ameaçava matá-las se falassem, nenhuma o havia delatado. Ele aterrorizara uma comunidade inteira durante anos.

No dia seguinte, um jovem que eu conhecia foi me visitar e contou que um homem o estuprara, mas ele nunca havia mencionado o fato a ninguém. Depois que ele saiu, mulheres e jovens vieram me ver, enquanto eu me recuperava, dizendo que haviam sido estupradas e me perguntando como eu tinha conseguido suportar. Eu lhes dizia que o espírito de Deus havia me ajudado.

Meu algoz recebeu uma sentença de dez anos de prisão. Sou agradecida porque a minha experiência impediu que ele ferisse outras pessoas.

"Por que eu?"

DIANNE MOORE,
Contadora Aposentada

Embora eu fosse membro do Exército de Salvação, ainda buscava uma crença real em Deus quando, no dia 20 de setembro de 1982, os médicos diagnosticaram uma distrofia na retina e me disseram que eu provavelmente estaria cega dentro de um ano. Fiquei desolada. Cheguei até a pensar em suicídio.

Alguns dias depois, eu estava limpando a casa e comecei a recriminar Deus. "Por que eu?", perguntei. "Por que me dar um QI acima da média quando a perda da visão tornará tudo isso inútil?" Naquele momento, uma voz falou: "Sua tola! Essa mesma inteligência irá ajudá-la a enfrentar o problema". Foram exatamente essas as palavras que ouvi. Eu não conseguia acreditar. Olhei em volta, mas estava sozinha.

Naquele momento, toda a minha raiva e ressentimento desapareceram. Eu simplesmente sosseguei, tentei não me preocupar com meus olhos e segui com a minha vida.

Isso aconteceu há 24 anos, e recentemente passei no exame de vista para a obtenção da carteira de motorista, sem o uso de óculos! Sim, ainda tenho distrofia da retina, mas ela avança tão lentamente que provavelmente irei embora antes da minha visão! Eu poderia ter cometido suicídio se aquela voz não me tivesse dado coragem para lidar com o futuro, fosse ele qual fosse.

"Quem você pensa que é?"

MANDY JONES,
Serviço de Atendimento ao Passageiro,
Agente do Setor de Transportes Públicos

Minha avó estava doente havia muitos anos, com demência senil, e piorava a cada ano. Eu não conseguia imaginar o motivo de ela ter de viver desse modo durante tanto tempo sem nenhuma qualidade de vida.

Certo dia, eu estava sentada na varanda, profundamente concentrada, durante mais de meia hora. Eu desejava que vovó morresse e houvesse um fim ao que eu percebia ser sua agonia.

Por fim, me levantei e entrei em casa. Nem bem dei dois passos quando uma voz alta, profunda, forte, retumbante, disse: "Quem você pensa que é para decidir quando alguém deve morrer ou viver?"

Detive-me imediatamente e olhei ao redor — não por esperar ver alguma coisa, mas por não saber o que fazer. Não havia ninguém comigo, e entendi que fora Deus que me censurara. Andei pela casa em silêncio pelo resto do dia!

Essa foi a única vez que ouvi Sua voz, e ela deixou uma impressão muito forte em mim.

"Não!"

MICHELLE ROBINSON,
Proprietária de Salão de Beleza

Eu passava por momentos particularmente difíceis em minha vida. Tinha acabado de terminar um namoro de seis anos e mudado para um apartamento próprio. Estava sendo difícil tomar decisões e me sentia muito triste e confusa. Então, uma noite meu ex-namorado apareceu no meu novo apartamento. Ele disse que ambos havíamos cometido um erro e não tentáramos o suficiente para resolver a situação. Ele implorou para que eu reatasse com ele.

Depois que ele saiu, fui caminhar. Eu não sabia realmente o que fazer. Eu não me achava em condições de tomar outra decisão em minha vida. Pedi, desesperada, "Ajuda-me. Não sei o que fazer! Devo voltar para ele?" Imediatamente, e parecendo vir do nada, ouvi uma voz alta, clara, decidida: "Não!"

Olhei ao redor, mesmo sabendo instintivamente que a voz não viera de uma pessoa.

Nunca esquecerei aquela voz. Não havia ninguém comigo nem perto de mim, e a resposta não poderia ter sido mais enfática. Foi uma orientação, e eu me senti confortada por ela. Não sei explicar por quê. Era um pouco assustadora, mas ao mesmo tempo entendi imediatamente quem era. Agora sei que não preciso pedir orientações, porque as recebo constantemente.

"Vá para o lado!"

LEA MULQUEEN,
Fotógrafa/Atendente de Loja Veterinária

Eu tinha acabado de deixar minha filha na Universidade de Baltimore e estava voltando para casa por volta das dez horas pela Interestadual 83. O tráfego estava calmo e eu tinha a faixa esquerda toda para mim. De repente, ouvi uma voz dizer: "Vá para o lado!" Lembro que olhei para o banco vazio do passageiro e não vi nada. Alguns segundos depois, ouvi de novo: "Vá para o lado!" Dessa vez, lembro ter dito: "Por que eu deveria?" Imediatamente a voz gritou: "Vá para o lado *agora*!" Dessa vez não hesitei e mudei de faixa. Segundos depois, um carro veio a toda velocidade na minha direção na faixa esquerda que eu ocupava até poucos segundos antes.

A voz impediu que eu colidisse a 90 quilômetros por hora com outro carro, que estava sendo perseguido pela polícia. Eu soube depois que estavam perseguindo um homem num carro roubado que havia entrado na rodovia pela rampa de saída.

"Quem eu sou?"

KAREN SCHMA,
Representante Comercial/Empresa de Arrendamento Têxtil

Em 1985, cheguei a uma encruzilhada em minha vida. Eu tive um colapso nervoso e saí do emprego, onde ganhava muito bem e tinha segurança. Saí porque não aguentava mais nem a mim mesma. Eu mantinha um relacionamento sexual com o meu chefe casado para não ter problemas com ele e preservar o meu emprego numa das maiores empresas automotivas do mundo. Voltei para a casa dos meus pais e me desestruturei emocionalmente depois de compreender que havia sacrificado todos os princípios morais com que fora educada.

Foi nessa época que eu soube que precisava de uma cirurgia para a retirada de cistos nos ovários. Depois da cirurgia, meu ginecologista pediu-me que fosse ao seu consultório. "Você sabe quem eu sou?", ele perguntou. "Você é o meu médico", respondi logicamente. Mas, de repente, como se o tempo tivesse parado, tudo congelou, quando uma voz alta e potente saiu dele dizendo: "Quem eu sou?" E repetiu, "Quem eu sou?" Era uma voz masculina profunda, como se estivesse sendo canalizada através dele.

Depois de tudo o que havia passado, eu sabia que era a Força Superior. "Deus!", respondi. "Você é meu Pai, Deus." Imediatamente, uma luz branca brilhante me envolveu. Eu ouvia enquanto o homem resumia os meus pecados. Eu me senti muito mal e envergonhada. E então ele disse coisas que me fizeram sentir melhor. Ele falou que eu era uma pessoa boa e que levava felicidade para os outros. Disse também que um dia eu seria recompensada. Lembrou-me que eu estava cercada pelo amor de meus pais e familiares, e que tudo acabaria bem. Mencionou que a última parte da minha vida seria a mais fácil.

Nunca contei essa história a ninguém porque achava que ninguém acreditaria em mim. Mas ela aconteceu de fato. Depois dessa estranha experiência, senti um amor pleno e não tive mais medo de nada. Agora sei que há um Deus e que ele cuida de mim.

“Volte para o carro!”

MELINDA KOPP,
Professora

Era o ano de 1984. Eu estava com 18 anos e era caloura na faculdade. Eu estava matriculada no curso de verão e viajava pela Natchez Trace Parkway para ir e voltar das aulas noturnas. O tráfego nessa rodovia não era pesado naquela época e, claro, o telefone celular ainda não existia.

Uma noite, tivemos uma prova e o professor liberou a turma uma hora mais cedo. Ninguém me esperava em casa nesse horário, e eu esperava fazer uma surpresa para minha família, jantando com eles. Era por volta das vinte horas. O sol já se pusera e estava escurecendo. A 20 quilômetros de casa, o pneu furou. Abri o bagageiro e descobri que o estepe era de outro tamanho e que os parafusos da roda não combinavam com os parafusos do estepe. Também não havia macaco.

Eu estava perto de um cruzamento e um parente meu morava quase 3 quilômetros à frente. Assim, saí do carro e comecei a caminhar em direção ao cruzamento, descendo o morro ao crepúsculo. De repente, uma voz masculina disse: “Melinda, volte para o carro. *Agora!*” Parei e olhei ao redor para ver quem estava falando comigo, mas não havia ninguém. Pensei: “Será Deus falando comigo?” Então eu disse: “Senhor, és tu?” Novamente a voz falou: “Volte para o carro!”

Nesse momento não havia mais nenhuma dúvida em minha mente de que era Deus falando e eu entendi que alguma coisa estava para acontecer. Não discuti. Voltei imediatamente para o carro.

De repente ficou muito escuro e eu comecei a ficar nervosa.

Sentei-me no carro e disse: "Muito bem, e agora?" Então vi luzes se aproximando. Mas alguma coisa me impelia a permanecer sentada e quieta. O carro passou. Alguns minutos depois, outro carro se aproximou. Nesse momento a voz disse: "Acenda a luz". Eu obedeci, e o carro parou. Era um amigo da família.

Acredito piamente que a voz que ouvi era a voz de Deus. Ele providenciou um resgate para mim naquela noite. Quem sabe o que poderia ter acontecido se eu tivesse saído caminhando ou tivesse sinalizado para o primeiro carro.

Hoje a minha relação com Deus é extremamente pessoal. Sou ministra de música e da juventude na minha igreja. Acredito que eu tinha uma missão a cumprir e por isso fui preservada pela graça de Deus.

“Saia do carro!”

ARMANDO DEANGELIS,
Agente Federal Aposentado

Era final da tarde de 3 de dezembro de 1967. Eu seguia de carro com dois amigos, Robert Signorelli (que chamávamos de Siggy) e Billy Ward. Siggy e eu éramos de Medford, Massachusetts, e Billy era da cidade seguinte, Somerville. Éramos jovens na época, com apenas 20 anos.

Quando nos aproximávamos da esquina da Harvard com a Main, onde passávamos o tempo em Medford, ouvi a voz de Deus me chamando. Era uma voz real. Ele dizia: “Butch [meu apelido], saia do carro. Saia do carro!” Billy estava dirigindo, e eu pedi para ele me deixar na esquina. Eles me deixaram e seguiram em frente.

Às onze horas daquela noite, recebi em casa um telefonema do meu melhor amigo, Tony. Ele disse que Siggy e Billy haviam sofrido um acidente na rua Medford, em Somerville. Siggy morreu naquela noite e Billy faleceu no dia seguinte.

Naquele momento prostrei-me até o chão e disse: “Obrigado por me salvar”. Essa experiência fortaleceu a minha crença em Deus.

"Volte e ajude aquele homem!"

MIKE HILTON,
Importador/Distribuidor

Há alguns anos, eu precisava pegar alguns aparelhos de ar-condicionado na cidade onde moro para fazer demonstrações numa cidade menor, localizada três horas ao norte. Na época eu não possuía um *trailer*, então emprestei um, bastante velho, do Pastor Stan, ministro da igreja que eu frequentava.

Com o *trailer* totalmente carregado, iniciei a viagem. Uma hora depois, num ponto onde a rodovia se estendia por quilômetros e quilômetros sem uma única casa, um pneu do *trailer* estourou. Eu consegui parar sem tombar o *trailer*. Descarreguei o porta-malas para pegar o macaco e a chave de boca. Foi então que descobri que as rodas do meu carro eram maiores do que as do *trailer*. A chave de boca não se ajustava às porcas do *trailer*.

De algum modo consegui tirar todas as porcas, menos uma — que, por alguma razão, era menor. Por mais que eu tentasse, não havia maneira de tirar essa última porca. Os carros passavam e nenhum parava.

Uma caminhonete passou veloz por mim, e eu pensei no Pastor Stan. Ele nos havia ensinado que quando rezamos, devemos rezar em voz alta. Então levantei-me, ergui as mãos ao céu e disse em voz alta: "Senhor, estou com problemas e preciso da tua ajuda".

Alguns minutos depois, uma caminhonete se aproximou e parou. Um jovem desceu dizendo: "Sim senhor, parece que você está com problemas". Expliquei a situação, e a resposta foi, "Não se preocupe. Acho que posso ajudar." Ele foi até a traseira da caminhonete e pegou um conjunto de soquetes; achamos um que se ajustava à porca que restava.

Tiramos a roda e o homem perguntou o que eu ia fazer em seguida. Respondi que precisava desengatar o *trailer* e levar o pneu furado até a cidade mais próxima. "Como você vai reapertar as porcas?", ele perguntou. Expliquei que compraria uma nova chave de boca enquanto o pneu fosse consertado. Ele perguntou se eu ia voltar para a cidade, e eu respondi que sim. Então ele disse: "Não compre uma nova chave. Aqui está meu endereço. Deixe os soquetes em minha casa quando voltar".

Eu lhe agradeci profundamente enquanto ele se afastava. Antes de entrar no seu carro, ele se virou e disse: "Sabe, uma coisa engraçada aconteceu quando passei por você. Ouvi uma voz dizendo: 'Pare! Volte e ajude aquele homem!'"

Imagino que o momento em que ele ouviu aquela voz foi mais ou menos o mesmo em que rezei dizendo em voz alta: "Senhor, estou com problemas e preciso da tua ajuda".

"Só notícias boas"

LINDSAY NEWLAND BOWKER,
Locadora de Imóveis para Férias

No último dia de vida de minha mãe, houve uma breve pausa ao meio-dia na afluência de amigos que lhe traziam seu conforto em suas horas finais. Ela estava muito cansada e rejeitara a bandeja de comida pouco apetitosa do hospital. Ela estava contente por eu lhe ter levado algumas fatias de polpa de laranja, pensando que seriam refrescantes e fáceis de comer. Quando deu a primeira mordida, ela disse: "Isso está muito esquisito. Eu já estou morta, mas consigo saborear esta laranja — não como um sabor normal, não como antes. Sei que estou fisicamente aqui com você — que podemos nos tocar e ouvir — mas não é como antes. É estranho. Eu já estou morta".

Eu não sabia o que dizer nem o que ela estava pensando. Não respondi. Quando terminou de comer a porção da laranja que lhe era possível, ela disse: "Então, o que você sabe sobre isso? O que significa? Sei que estou morta, e no entanto ainda estou aqui. Como isso é possível?" Novamente eu não sabia o que dizer e não queria fazer-lhe perguntas.

Ela descansou um pouco e depois se reanimou. Estávamos sozinhas. Eu sorri. Ela devolveu o sorriso — bela e radiante, sem medo e cheia de graça. Eu disse: "Mamãe, lembre-se, quando eu não a vir mais, espero vê-la aqui — no meu ombro. Lembre-se, você prometeu voltar como meu anjo da guarda". Ela disse: "Ah, esqueci de lhe dizer. Eles disseram que não posso fazer isso, que você já tem alguém que sempre esteve com você. Disseram que de algum modo ficarei sabendo a seu respeito, que saberei quando você está alegre ou triste, que terei notícias suas. Mas eles têm outro trabalho para mim, e eu preciso fazer o que for pedido". De novo, eu não disse nada, e ela não tocou mais no assunto.

Minha irmã voltou com sua família, e o quarto ficou cheio novamente. Minha mãe falou com cada um, com graça e sabedoria. Em seguida, minha irmã e eu nos aproximamos de mamãe e a beijamos ao mesmo tempo. Ela disse: "Sinto muito por ter morrido hoje". Ambas respondemos: "Sentiremos muito a sua falta e a amamos muito".

Mamãe logo caiu num sono profundo do qual nunca mais despertou.

Enquanto preparava o panegírico naquela semana, eu continuava confusa. Eu queria dizer a coisa certa para consolar a minha irmã e seus filhos. Pensei no que mamãe dissera sobre já estar morta. Pedi a Deus, a mamãe, a quem pudesse me ouvir, que me dissesse se mamãe já estava morta quando víamos seu corpo ofegar e fazer de tudo para respirar nos momentos finais, ou se ela sofria e sentia o que víamos. Naquela noite, uma voz sonora, que não era a de mamãe, acordou-me. Era como uma voz telepática, dentro de mim, não no quarto, e disse: "No momento oportuno, todas as suas perguntas serão respondidas. Mas não se preocupe, são só notícias boas".

Essa experiência simplificou a minha fé. Ela fortaleceu a minha certeza de que há vida após a morte e que há um espírito divino, benevolente, que une, guia, protege e nutre todos os seres viventes. Eu acredito que a vida é feita de fases e de estados de ser diferentes, dos quais a vida na Terra é apenas um deles. Agora, quando o evangelho é sobre Lázaro ou Cristo ressuscitando dos mortos e aparecendo aos seus discípulos depois da morte, não há mistério de fé. Eu sei que acontece a pessoas comuns em toda parte, todos os dias. Aconteceu com minha mãe. Fui testemunha disso. Ela estava morta, e no entanto presente em seu corpo. Também sei agora que Deus ouve e nos dá as respostas que precisamos para dissipar a confusão presente em nosso espírito.

“Você a conquistará?”

TOM DORNAN,
Pastor

Há vinte anos, eu vivia os momentos finais de um casamento muito difícil de quinze anos. Eu tinha quatro filhos e estava desesperado com a infelicidade que se abatera sobre nós. O aconselhamento não estava dando resultado e as orações pareciam não obter resposta. Na tentativa de conseguir um pouco de paz, mudei-me para a casa da minha mãe e dei início ao processo de anulação do casamento junto à Igreja Católica Romana e ao processo de divórcio com os advogados.

Durante esse período, eu não vislumbrava nenhuma esperança para a situação em curso. Eu rezava pedindo a Deus que me levasse, em vez de me fazer viver uma vida de ignomínia. Ninguém em minha família jamais tinha se divorciado. As exigências diárias de pai, trabalhador e filho começaram a produzir suas consequências. Eu precisava de algo além dos relacionamentos e da vida. Eu precisava de descanso!

O descanso chegou de forma inesperada. Fui convidado, e aceitei me juntar a vários colegas de profissão para participar de uma conferência que se realizaria no meio-oeste (eu morava em Boston). Era bom participar de cursos durante o dia e descansar à noite. Eu pensava: "Talvez uma vida de celibato me traga menos sofrimento". Então Deus me deu a conhecer seu plano durante um jogo de voleibol.

No quarto dia da conferência de seis dias, a rede de voleibol estava colocada. O vôlei não fazia parte do meu dia a dia porque eu vivia ocupado. Mas eu estava descansando de uma vida muito ocupada e decidi jogar. Na sequência natural do jogo, chegou a minha vez de ocupar a posição central junto à rede. Bem na minha frente estava uma mulher mais jovem. Foi então que o momento de Deus aconteceu. Uma voz vinda das profundezas do meu ser, e que só posso descrever como a voz de Deus, disse: "A pessoa à sua frente será o amor da sua vida pelo resto da sua existência. Você a conquistará?" Olhando para ela, ouvi minha alma responder: "Sim, Senhor, mas como isso vai acontecer?" A resposta foi "Eu providenciarei tudo — apenas confie em mim!"

Durante todo o tempo da "conversa com Deus", eu não me movimentei, e nem a mulher à minha frente. Achei que o time havia andado à nossa volta, mas eu perdera a noção de tempo. Assim que a "voz" me deixou, de repente o jogo tinha terminado. Fui para o lado da rede e encontrei a jovem que me havia sido "divinamente" apresentada. Seu nome era Dawn. Ela era jovem, solteira, nunca havia casado e era protestante. Eu era um católico frustrado, em processo de divórcio, com quatro filhos. Voltei para casa dois dias depois, não sem antes trocarmos informações que nos permitissem comunicar-nos.

Nos seis meses seguintes, não fiz contato e não recebi nenhuma chamada da parte dela. A época de natal se aproximava e então chegou uma carta que trouxe a resposta à minha pergunta: "Deus, o que foi aquela conversa junto à rede de voleibol, afinal?" A jovem me escreveu falando da sua família, instrução e planos para a vida. Fiquei feliz em receber a carta: era uma luz em meio a tempos de muita escuridão.

Quando começamos a nos corresponder, planejamos participar de outra conferência que seria realizada na primavera. Foi durante essa conferência que eu soube instintivamente que Deus queria promover a minha felicidade por meio de um casamento com Dawn.

Cinco meses mais tarde, eu estava dormindo quando a mesma voz se fez ouvir novamente e disse duas palavras apenas: "Vá agora!" Fui para o trabalho naquele dia e apresentei um aviso prévio de duas semanas. Eu não tinha mais emprego e nunca morara no meio-oeste. Perguntei às crianças se queriam ir comigo, mas elas preferiram ficar com sua mãe e os amigos.

E assim parti da Nova Inglaterra com destino ao meio-oeste. Ao chegar nas imediações de Chicago, liguei para minha mãe para ver se estava tudo bem. Ela disse que um homem havia ligado, deixando uma mensagem. Era um antigo colega de trabalho. Ele ouvira dizer que eu estava me mudando para o meio-oeste e queria que eu entrasse em contato com uma pessoa em Chicago para um possível emprego. Telefonei para o número deixado e recebi a informação de que eu poderia fazer a entrevista imediatamente num hotel perto do Aeroporto O'Hare. Fui para a entrevista vestindo as roupas de viagem — jeans e camiseta — e consegui o emprego. Eu trabalharia em Saint Paul, Minnesota, 45 quilômetros da residência de Dawn!

O restante da história agora faz parte de um casamento de dezessete anos que foi abençoado com dois filhos. Dawn tem sido uma madrasta maravilhosa para os meus outros quatro filhos. E embora nunca tenha ouvido a "voz" que eu ouvi, ela não se mexeu do lugar na frente da rede de voleibol daquele dia de dezoito anos atrás. Deus certamente foi fiel à sua palavra: ela é o amor da minha vida. Com ela encontrei descanso, amor verdadeiro e paz. E por essa dádiva, sou profundamente grato a Deus.

"Senti uma onda de energia da cabeça aos pés"

DENISE ROLLAND,
Proprietária Aposentada de uma Firma de Consultoria para Contratação de Executivos

Desde a infância, sempre questionei a existência de Deus. Oriunda de uma família agressiva e violenta, aprendi a não confiar em ninguém, a não ser em mim mesma. Eu era ateia. Deus nunca se fez presente para mim.

Trabalhei muito para construir uma vida de qualidade. Fiz vários anos de terapia e voltei para a escola para me formar em psicologia na Universidade McGill, e assim poder cuidar das minhas irmãs. Mas faltava alguma coisa.

Em 1993, depois de me demitir do meu emprego de vice-presidente de uma grande empresa internacional, cheguei em casa sentindo-me muito deprimida e cheia de dúvidas. Embora minha decisão fosse bem planejada e considerada madura, eu estava imersa em sentimentos de desânimo e vulnerabilidade. Eu havia decidido começar a minha própria empresa, e com essa decisão vieram todos os sentimentos de insegurança financeira e medo que uma aventura assim acarreta.

Por volta das onze horas da manhã seguinte, eu estava sentada na sala da minha casa de campo — exaurida emocionalmente e deprimida. De repente, senti uma onda de energia da cabeça aos pés. Meu corpo ficou repleto de amor incondicional. Ao mesmo tempo, ouvi uma voz dizer: "Estarei sempre contigo. Não tenhas medo".

Que experiência! Jamais a esquecerei. Agora sei que sou privilegiada por ter vivenciado Deus e seu imenso amor e bondade.

"Era uma voz — não um pensamento"

JANICE OLSZANSKI STOVKA,
Comerciante Aposentada de Cartões de Cumprimentos/Avó

Eu estava no ponto mais baixo da minha vida. Minha mãe estava muito doente. O pensamento da proximidade de sua morte me deixava inconsolável. Durante cinquenta anos ela fora minha mãe amorosa, minha rocha, minha amiga. Eu não podia imaginar nunca mais vê-la sentada em sua cadeira favorita ou falando com papai. Esse pensamento me era insuportável.

Durante seis meses, rezei para o Espírito Santo, pedindo consolo. Pedi a Deus que me desse forças para as provações que todos nós da família — especialmente meu pai — teríamos de suportar.

Então uma noite, já bastante tarde, eu chorava cheia de tristeza, quando ouvi uma voz em minha mente. Era uma voz suave e gentil, e disse com muita clareza: "Tudo vai ficar bem. Ela vai ficar bem". E então, lentamente, uma sensação poderosa de paz tomou conta de mim. Foi um momento extraordinário. Deus falou comigo e respondeu às minhas orações. Não tenho nenhuma dúvida.

Quando minha mãe partiu, posso realmente dizer que eu estava tranquila. Rezei pedindo para saber se minha mãe estava bem. E ela está, estou certa disso, porque Deus assim me disse.

“PODEIS AJUDAR-ME DE ALGUMA MANEIRA?”

A Oração Atendida

“Como estava totalmente drogado, meu corpo apagou”

JOSÉ ROJAS,
Preparador de Mão de Obra de Beneficiários da Assistência Social

Eu sei que Deus existe. Fui coroinha quando a missa era rezada em latim. Eu tinha fé. Meus pais instilaram em mim o temor a Deus de acordo com a Igreja Católica. No entanto, eu me afastei dos princípios que me foram ensinados por uma mãe dedicada e amorosa. Quando me tornei adulto, passei a buscar estímulos e gratificação imediata e comecei a usar drogas, especialmente craque.

Fui viciado durante 22 anos, e embora quisesse abandonar o vício, era impossível. Não havia como sair e, acredite, eu tentei livrar-me empregando todas as energias que podia reunir — tudo em vão.

Nos últimos três anos de dependência eu morava num edifício abandonado (sem cozinha ou banheiro) e comia restos encontrados em latões de lixo. Eu sabia que um dia, de algum modo, Deus me resgataria — eu só não sabia quando.

Certo dia, depois de ficar acordado durante cinco dias e cinco noites, voltei ao edifício abandonado e, como estava totalmente drogado, meu corpo apagou. Despertei dois dias depois, por volta de uma hora da manhã. Quando ia sair do quarto, vi um espelho de corpo inteiro parcialmente quebrado na porta — algo que eu nunca tinha visto antes.

Ao levar a mão para a maçaneta, vi seu reflexo no espelho. Eu não tive medo, mas fiquei me perguntando o que estava acontecendo e como esse espelho podia estar ali. A curiosidade aumentou; então me despi e me pus diante do espelho. Pude ver-me por inteiro, num corpo desgastado, macilento, exaurido, e pude sentir o cheiro fétido da falta de higiene pessoal de muitos meses.

Vesti novamente os meus andrajos, e ao sair pela mesma porta, percebi que o espelho desaparecera. Deus me mostrou que ainda havia em mim uma centelha de luz e que Ele estava ali para me ajudar a mudar — se eu quisesse! Quando passei pela porta, fiz a seguinte oração: "Meu Deus, sei que o que é impossível para mim é possível para ti. Mostra-me o que podes fazer com este arremedo de homem".

Isso aconteceu no dia do ano-novo de 1993. Daquele momento em diante, Deus providenciou para que eu me envolvesse no seu serviço a cada dia. Agora vejo toda a minha vida de uma perspectiva diferente. É como se uma névoa tivesse se dissipado. E cada vez que vou pegar na maçaneta de uma porta, revivo aquele momento em que Deus me tocou.

"Afundei na água"

KENNETH MORTIMER,
Consultor Administrativo

Morávamos na cidade de Christchurch, localizada numa ilha da Nova Zelândia, quando a irmã da minha esposa, Sarah, veio nos visitar. Minha esposa trabalhava como enfermeira no turno da noite e aos sábados dormia durante o dia. Assim, nesse sábado em particular, resolvi levar Sarah e meus dois filhos à praia do continente num bote inflável.

Entramos no bote e remamos em direção ao continente. Mas a maré estava mais forte do que eu calculara e, apesar de todo o nosso esforço, não conseguíamos avançar. Decidi saltar na água, pegar a corda e puxar todos para a praia a nado. Mas não me dei bem. Eu não era um nadador muito preparado e simplesmente não consegui enfrentar a corrente.

Decidi nadar de volta, pegar o carro e encontrar o bote onde quer que ele aportasse. Avancei em direção à ilha, mas a corrente estava muito forte e eu fui arrastado. Desviei na direção de alguns iates atracados, procurando agarrar algum cabo de âncora, mas não consegui. Sob o olhar dos meus filhos, comecei a afundar.

Afundei três vezes na água e então, desesperado, gritei para Deus. "Jesus, Maria, José, salvem-me! Seria uma desgraça!" No instante seguinte, um braço me agarrou.

Três salva-vidas tinham ouvido os gritos de Sarah pedindo socorro e salvaram minha vida.

Os céticos dirão que foram os gritos da minha cunhada que salvaram minha vida. Eu afirmo: "Digam o que quiserem. Eu sei o que sei. Assim que rezei, fui salvo".

"E se?"

DONALD MACHOVOE,
Engenheiro Mecânico

Depois de cinco anos de casamento, minha esposa e eu nos vimos na difícil situação de desempregados e sem ter onde morar. Eu ouvira falar de algumas ofertas de emprego na Carolina do Norte e entrei em contato com uma empresa que estaria fazendo contratações. Obtive a resposta de que me dariam um retorno. Porém, como as perspectivas pareciam boas, decidimos viajar para lá com os nossos três filhos (com 4 e 3 anos, e o terceiro com um mês) e todas as nossas posses terrenas num *trailer* U-Haul. Eu recebera dois cheques do seguro-desemprego e esse era todo o dinheiro que tínhamos para viajar de Nova York até a Carolina do Norte.

Quando me apresentei, recebi a informação de que a empresa não estava contratando no momento, e que devíamos voltar para casa. Eles ligariam se decidissem me contratar. Assim, com dinheiro suficiente apenas para encher o tanque, começamos a viagem de dezesseis horas de volta a Nova York.

Na hora do almoço, as crianças choravam de fome. Encontramos alguns trocados, suficientes para comprar um sanduíche e batatas fritas no McDonald's, o que deu para enganar a fome no momento. Mais tarde naquela noite, pouco depois das dez, chegamos a Williamsport, Pensilvânia; as crianças estavam chorando de fome outra vez e a gasolina estava no fim. Sem saber o que fazer, vi um posto de gasolina fechado e estacionei para verificar no mapa quanto ainda faltava até a casa dos meus pais. Foi então que vi uma máquina de refrigerantes no escuro e falei para minha esposa que eu podia abri-la e talvez conseguir dinheiro suficiente para gasolina e comida. Ela não achou que fosse uma boa ideia, mas concordou que era preciso fazer alguma coisa.

Peguei então a chave de boca no porta-malas e encaminhei-me para a máquina, mas algo me disse para não fazer isso e voltar para o carro. Voltei e recoloquei a chave no lugar, e precisamente nesse momento um policial estacionou e perguntou se havia algum problema. Respondemos que achávamos que um pneu estava vazio e estávamos examinando todos eles. Ele nos acompanhou até fora do estacionamento. Olhei para minha esposa. Ambos sabíamos que se eu não tivesse voltado, teríamos sido pegos em flagrante.

Quando começamos a subir a serra, falei para minha mulher que precisávamos de gasolina e que, com sorte, a que tínhamos só daria para mais 70 quilômetros. Sendo religiosa, ela começou a rezar. Pediu a Deus que nos ajudasse. Quando terminou a oração, ela disse que tinha a sensação de que tudo acabaria bem.

Vinte minutos depois das orações, avistei um posto de gasolina com lanchonete e um motel; resolvi parar e perguntar se me cederiam em confiança combustível para encher o tanque. O gerente respondeu que não costumava dar gasolina, mas como estava frio e nevando (e as crianças estavam chorando), ele concordou.

Depois de abastecer, ele observou que um dos pneus do *trailer* estava vazio. Então ligamos para a U-Haul; a atendente informou que não havia como consertar o pneu naquela hora da noite. Ela sugeriu que ficássemos onde estávamos até que o caminhão de reparos fosse enviado para lá na manhã seguinte. Eu disse a ela que não tinha dinheiro e não podia pagar por um quarto e pela alimentação. Então ela pediu para falar com o gerente. Ela lhe disse para nos dar um quarto para aquela noite, com jantar e café da manhã, e para tirar a nota em nome da U-Haul.

Partimos no dia seguinte acreditando que havíamos acabado de testemunhar um milagre, pois não havia outra forma de explicar o que nos havia acontecido.

Às vezes relembro aquele dia e fico imaginando, "E se?" E se eu tivesse sido pego quebrando a máquina de refrigerantes e tivesse sido preso? Como ex-detento, eu não teria conseguido cartas de recomendação para trabalhar. E, pior do que isso, os nossos filhos poderiam ter sido tirados de nós. Sim, e se?

"Senhor, dá-me forças"

LARRY MERRILL,
Advogado

Eu estava participando de uma corrida de caiaque. O tempo estava horrível. Havia muito vento e chuva. Eu tinha 3 quilômetros pela frente. Não havia ninguém perto de mim, nem à frente nem atrás. Embora não visse nenhum problema para terminar, eu estava ficando cansado. Quando cheguei numa curva onde eu sabia que o vento sopraria direto no meu rosto durante quase um quilômetro, eu disse, sem muito refletir: "Senhor, dá-me forças".

Lembrei-me de uma corrida de que eu participara alguns anos antes. O vento soprava com força contra mim. Eu estava quase entrando em desespero. Rezei para que o vento diminuísse, mas minha oração não foi atendida. No final, porém, encontrei forças para terminar.

Dessa vez, quando eu disse: "Senhor, dá-me forças", recebi uma resposta imediata. O vento dobrou! Eu explodi numa gargalhada. Eu pedira forças e estava recebendo o exercício que me daria essas forças. Ri por meio quilômetro, o que duplicou a distância. Quando venci a curva e fiquei livre do vento, olhei para cima e disse: "Você gostou disso, não é?" Eu quase podia ouvi-lo responder: "Sim, e você também!" E como! Foi bom saber que ele estava ouvindo e que tem senso de humor.

"Essa foi a minha resposta"

ROBERT MCALISTER,
Pastor

Ao retornar da cidade de Kiev, na Ucrânia, onde trabalhei durante dez anos como missionário, decidi passar alguns dias num mosteiro fora de Charleston, Carolina do Sul, para rezar e buscar a Deus. Enquanto estava lá, eu pedia constantemente a Deus que falasse ao meu coração, que me dissesse o que ele queria que eu ouvisse. Depois de três dias, eu achava que não estava ouvindo nada — até a última manhã.

Ao me sentar à pequena escrivaninha no meu quartinho, fazendo a mesma pergunta, o meu celular tocou. Era uma senhora pertencente à igreja onde sirvo como pastor em Lexington, Carolina do Sul. Ela não sabia onde eu estava ou o que eu estava fazendo. Ela disse que estivera rezando naquela manhã e sentira em seu coração que devia telefonar para mim e dizer que Deus me amava e me via como seu filho. Disse também que ele estava satisfeito comigo e que eu devia ir sempre em frente, sem desanimar.

Não sou uma pessoa que corre atrás de milagres para se convencer, mas não tenho dúvidas de que essa foi a minha resposta e que Deus falou comigo por meio dessa senhora. Desliguei o telefone e, sozinho em meu quarto, sorri e soube que o meu Deus era real. Coincidência, talvez digam alguns! Não acredito nisso nem por um único instante.

"Podeis ajudar-me de alguma maneira?"

RICK FEHR,
Lavador de Janelas

Eu não cresci frequentando a igreja. Eu acreditava em alguma coisa, mas não tinha certeza de que era Deus.

Em 1996, descobri que tinha um linfoma não-Hodgkin de célula T, e foi-me dito que as possibilidades de sobrevivência estavam entre 4 e 10%. Não sei por quê, mas perguntei: "Deus, se estais aí, podeis ajudar-me de alguma maneira?" Eu disse a Deus que mudaria o meu modo de viver, o que significava parar de beber, de fumar e de correr atrás de mulheres.

Depois de quase um ano de tratamento, o câncer entrou em remissão e eu esqueci o que havia dito a Deus.

Três anos depois, em 1999, o câncer voltou. Dessa vez defini como minha missão introduzir Deus na minha vida e mudar para melhor. Essa atitude mudou minha vida para sempre.

Em poucos meses encontrei aquela que se tornou a minha esposa. E então, apesar do prognóstico de que eu jamais poderia gerar um filho, ela engravidou. Nove meses depois nasceu meu filho — o meu herói.

Estou novamente livre do câncer e amo a Deus mais do que tudo. Em tudo que faço, coloco minha confiança nas mãos de Deus.

"Eu começava a pensar que nunca me casaria"

RAY EDWARDS,
Consultor de Vendas Domésticas

Eu era solteiro aos 29 anos e havia sido convidado para um casamento. Tratava-se de um casamento episcopal, de modo que haveria muitas oportunidades para rezar. Nessa etapa da minha vida, eu começava a pensar que nunca encontraria a minha alma gêmea nem me casaria. Sentado na igreja, ouvindo meus amigos pronunciar suas promessas, senti-me estimulado a rezar. Pedi a Deus que finalmente me mostrasse a mulher com quem eu passaria o resto da minha vida. Então uma sensação de calma tomou conta de mim e eu ouvi, em minha mente, que isso aconteceria em pouco tempo. Não pensei mais no assunto naquele dia, supondo que fora a voz do meu subconsciente querendo me tranquilizar.

Duas semanas mais tarde, fui convidado para uma festa do Super Bowl num condomínio próximo. Não sou nada chegado a esportes, por isso no início recusei o convite. De qualquer modo, alguma coisa me instigava a ir.

Fui à festa e me sentei no chão, conversando com vários desconhecidos e de vez em quando olhando o jogo na TV. Notei que havia uma cadeira livre por perto, e então ocupei-a. Alguns minutos depois, uma mulher muito interessante se aproximou de mim e disse que eu pegara sua cadeira e se eu poderia fazer o favor de desocupá-la!

Isso aconteceu dezessete anos atrás; continuamos casados e muito felizes, com um filho de 13 anos.

Eu nunca havia sentido o poder direto da oração até aquele momento. Desde então, ela faz parte da minha experiência cotidiana, e sei que o Senhor ouve as nossas preces e as atende à sua maneira.

"Eu achava muito difícil confiar"

JANE STILL,
Jornalista

Quando meu marido me abandonou, eu tinha 21 anos, dois filhos pequenos para criar e muito pouco apoio de familiares ou de amigos. No decorrer dos anos seguintes, porém, tive várias experiências de fé que me deram sustentação. A que mais se destaca aconteceu logo depois que conheci o meu marido atual.

Com episódios de maus-tratos no meu passado, era-me muito difícil confiar, e com um casamento fracassado, eu não conseguia acreditar que meu namorado, David, me amasse ou quisesse realmente aprofundar o nosso relacionamento. David saíra em férias, e eu passei uma noite tenebrosa no sofá, soluçando e dizendo a Deus que eu sabia que tudo daria errado, como sempre acontecera com tudo em minha vida. Eu estava destinada a ficar só como punição pelo meu casamento fracassado.

Depois de muito chorar, senti uma paz imensa e então rezei, "Entrego tudo nas tuas mãos, Senhor". Assim que fiz essa oração, o telefone tocou. Era David dizendo que sentia muita saudade de mim e que estava reduzindo o tempo de duração das férias para ficar comigo.

Nós nos casamos um ano depois e hoje temos cinco filhas lindas.

"Entreguei toda a minha angústia e solidão"

MAGGIE GEENE,
Aluna de Graduação

Eu era uma esposa de 35 anos e mãe de quatro filhos. Eu nunca duvidara da existência de Deus, mas nos últimos anos eu sentia que não tinha nenhuma ligação com Deus. Damos a esse período o nome de noite escura da alma.

Eu me sentia só. Estava desesperada e não obtinha alegria nem consolo com a prática da minha fé, como anteriormente. As minhas orações sempre pareciam estéreis e artificiais. Muito embora eu continuasse a rezar e frequentasse a igreja todos os domingos, Deus não me ouvia ou, pior, não se preocupava comigo.

Num final de semana, meu filho e eu participávamos de um acampamento de escoteiros, num evento dedicado às mães. Uma manhã, antes do amanhecer, eu estava totalmente desperta. Levantei-me e caminhei até o lago. Ainda estava escuro, mas eu podia ver a neblina sobre a água quando o sol começou a despontar.

Sentei-me no banco de uma mesa de piquenique e comecei a observar como eu me sentia só. De repente, ocorreu-me que talvez fosse assim que Jesus se sentisse na cruz, quando bradou: "Meu Deus, meu Deus, por que me abandonaste?" Comecei a rezar e entreguei o meu coração a Deus. Entreguei toda a minha angústia e solidão como se estivesse falando com alguém sentado àquela mesa.

Quando fiz isso, tomei consciência de uma sensação profunda de paz invadindo todo o meu ser, estremecendo-me até o âmago. Sentada ali, comecei a chorar, mas eram lágrimas de alegria.

Quando o sol da manhã rompeu sobre o lago e a neblina se dissipou, a minha noite escura chegou ao fim. Eu podia sentir novamente a presença de Deus. Percebi que eu podia conversar com ele do mesmo modo que o fazia com quem eu amava. Eu bradei a Deus, e na minha angústia ele me atendeu.

"Rezei pedindo um vento favorável e um milagre"

ALAN BOND,
Empreendedor

Era o ano de 1983. Eu coordenava a competição de iatismo da Austrália para o troféu Taça da América. Os Estados Unidos mantinham a taça havia 132 anos, na mais longa sequência de vitórias na história do esporte.

Depois de quatro competições ao longo de quinze anos, nós acreditávamos ter o barco mais rápido e a melhor tripulação, mas ainda dependíamos totalmente dos elementos. Estávamos na sétima e última regata da Taça da América. Chegando à sexta etapa do percurso em Newport, Rhode Island, estávamos irremediavelmente atrás do *Liberty*, de Dennis Conner. A situação era tão ruim que muitos australianos que assistiam à corrida pela TV começaram a desligar seus aparelhos. Não havia esperança de alcançar o *Liberty* na penúltima etapa, com apenas duas partes da corrida para terminar.

Nessa altura parecia que mesmo com o barco mais veloz, as melhores velas e a melhor tripulação, fracassaríamos novamente. Com uma forte dor de cabeça, desci até o bote auxiliar, o bote de observação. O bote estava ligado aos instrumentos no iate *Australia II*, de modo que eu podia observar a velocidade, a direção do vento e o desempenho do iate em confronto com um modelo teórico computadorizado. Conhecendo a velocidade relativa do barco e as condições do vento, concluí que perderíamos inevitavelmente e que os Estados Unidos ficariam com a Taça da América mais uma vez.

Exatamente naquele momento e naquele lugar, eu rezei. E havia muitas pessoas na Austrália rezando ao mesmo tempo, tenho certeza. Rezei pedindo um vento favorável e um milagre.

Quando fizemos a volta na boia mais distante, Dennis Conner estava 700 metros na nossa frente e praticamente não havia vento. Os rapazes içaram a pequena vela de balão no *Australia II,* e nos dez minutos seguintes aconteceu um milagre. O vento soprou atrás do nosso iate. Lembro que a minha dor de cabeça desapareceu e eu senti a tensão se evaporar. A tripulação chamou do convés do bote auxiliar, dizendo: "Alan, suba imediatamente! Alguma coisa está acontecendo. O *Australia II* está alcançando o *Liberty!*" O vento soprava atrás do nosso iate, e não do de Dennis, e empurrou o *Australia II* por 4 quilômetros, para a liderança.

Ultrapassamos Dennis Conner na boia mais próxima. Mas ainda não estava terminado. Uma batalha formidável aconteceu, e foram necessárias 48 viradas de bordo para alcançarmos a linha de chegada. No fim, o *Australia II* terminou a corrida apenas 38 segundos à frente do *Liberty.*

Esse ainda não é o fim da história, porém. Na manhã seguinte, houve uma sessão de fotos. Içamos as velas e fizemos uma virada de bordo. Com esse movimento, o mastro da vela principal quebrou e a vela caiu. Senti que esse era o final da mensagem que eu havia recebido de Deus no dia anterior. Não só se realizara um milagre ao vencermos a corrida, como também o barco se mantivera inteiro até a linha de chegada. Com essa experiência, aprendi que orações são atendidas.

"Eu estava apavorada por ter de voltar para casa"

SHARON KELLY,
Dona de Casa

Certa noite em 2001, estando em casa, senti que era tocada por alguma coisa que eu não conseguia ver. Entrei em pânico. Eu sabia que havia uma presença na casa.

Na manhã seguinte, arrumei as crianças para a escola e saí com elas. Eu não conseguia voltar para casa. Na escola, contei a outra mãe o que havia acontecido e ela me deu o número do telefone de uma médium. Liguei para a médium da escola mesmo e lhe descrevi o fato ocorrido na noite anterior. Ela disse que estava com a agenda cheia para os dois dias seguintes e não poderia me atender antes disso. Mas eu estava apavorada por ter de voltar para casa. Fiquei muito chateada e pedi a Deus muitas vezes que me ajudasse porque eu não queria voltar.

Algumas horas mais tarde, dei-me conta de que precisava ir em casa buscar algumas coisas para meu bebê. Eu estava tão assustada que chorei durante todo o tempo em que empacotava as coisas. O telefone tocou. Era a médium. Ela disse: "Você sabe que Deus a ama muito, não sabe? Eu posso ir até sua casa esta noite porque todos os que tinham compromisso comigo nos próximos dois dias desmarcaram". Suas palavras me fizeram chorar, porque eu soube no mesmo instante que Deus ouvira meu pedido.

Naquela noite meus amigos ficaram com as crianças enquanto a médium realizava um ritual de limpeza da casa. Num determinado momento durante a limpeza, o quarto em que estávamos iluminou-se, e eu disse: “O que foi isso?” A médium respondeu: “Você não sabe? Essa foi a luz de Deus”. Quatro horas depois, quando ela terminou, senti como se um peso tivesse sido tirado de mim. Foi impressionante. Segundo a médium, a presença era de uma menina que havia morrido naquela casa; com o ritual, ela desapareceu.

Eu sempre acreditei em Deus. Essa experiência fortaleceu minha fé.

"A escuridão foi repelida!"

ANITA STAADEN,
Oftalmologista Veterinária

Eu tinha 9 anos quando minha família começou a participar de retiros promovidos pela igreja na época da Páscoa. Era uma experiência maravilhosa. Ficávamos em cabanas e partilhávamos refeições e convivência com outras famílias.

Eu já participava havia onze anos quando, depois de muitos anos de experiências felizes e edificantes, tudo deu errado. Nesse acampamento havia uma sensação de inquietude. Em vez de se sentirem felizes e relaxadas, as pessoas se sentiam angustiadas e tensas. Não havia satisfação; o calor da amizade estava ausente. No último dia do acampamento, minha prima se aproximou de mim e disse: "Eu não sei por quê, mas me sinto muito mal. Não estou aproveitando o acampamento este ano. Eu só quero ir para casa". E começou a chorar.

Eu sabia como ela se sentia porque essa era a mesma sensação que se apoderava de mim. Eu não havia percebido que os outros também estavam se sentindo daquela maneira. Durante algum tempo nós nos consolamos e choramos. Então resolvemos fazer alguma coisa, e fomos até a capela para rezar. Era raro eu rezar com outra pessoa, e provavelmente também para minha prima, mas ambas sentimos que era a única maneira de remediar a situação.

Nunca vou esquecer a atmosfera tenebrosa que impregnava a capela. Era pior do que uma noite escura. A escuridão era espessa, como se o ar fosse fumaça negra, e ela sussurrava e pulsava. Tentava nos enclausurar. Ela se movimentava ao nosso redor e depois recuava um pouco, pressionava, se afastava, mas cada vez mais perto de nós. Ficamos cercadas pelo mal palpável, o mal que sabia que estávamos tentando nos livrar dele. Ele tentava nos intimidar, nos derrotar. Fomos tomadas por sentimentos negativos — tristeza, decepção, aflição, depressão.

Enquanto rezávamos, a coisa mais extraordinária aconteceu. A escuridão foi repelida! Ela ainda pulsava e pressionava, mas estava sendo afugentada. O poder das nossas orações a expulsava! Continuamos a rezar, e de repente a escuridão desapareceu, quase com um estalo. Bem assim, e com ela se dissipou também a nossa sensação de depressão. Sentimos alívio, alegria e vitória. Mas acima de tudo ficamos surpresas com o poder das nossas orações, pois ele não só repelira essa escuridão estranha, mas a fizera dissipar-se.

Voltamos para o acampamento alegres e aliviadas, e daquele momento em diante a atmosfera do acampamento mudou. Naquela noite realizou-se um culto intenso e edificante, seguido de muita troca de afeto, cordialidade e união entre os participantes. O que parecera ser o pior acampamento tornou-se o melhor. Saí desse acampamento num estado de exaltação como nunca sentira antes. Para mim, essa experiência real vivida com minha prima é a melhor prova de que Deus existe e de que o mal real existe, não apenas no comportamento das pessoas, mas como uma entidade em si. Essa experiência me ensinou o poder da oração.

"Ela achava que o bebê estava morto"

SHAWN MILLER,
Perito Contador Público

Minha esposa estava grávida de 35 semanas, uma gravidez que não estava sendo fácil para ela. Com diabetes gestacional, excesso de líquido amniótico e uma doença no coração, ela precisava cuidar-se muito. Certa manhã, ela acordou e disse que achava que o bebê estava morto. Fiquei olhando para ela, em estado de choque. Ela explicou que não sentia o bebê se mover desde a meia-noite e já eram oito horas da manhã. Chamamos o médico, que nos encaminhou imediatamente para o hospital.

No hospital, uma enfermeira colocou um aparelho no abdômen da minha mulher para monitorar a frequência cardíaca do bebê. Boas notícias: ela encontrou um batimento. O passo seguinte era examinar para ver se havia movimento. Ela fez isso monitorando a oscilação da frequência cardíaca do bebê. Cada vez que o bebê se mexe, a frequência se altera. A má notícia é que os batimentos cardíacos não estavam oscilando. A máquina gerava uma linha relativamente nivelada que não evidenciava movimento.

Enquanto minha esposa estava ligada à máquina, comecei a ler um livro sobre milagres. As histórias nesse livro falavam de fé e dos resultados da fé. Li em João 14.12-14 que Jesus disse: "Em verdade, em verdade, vos digo: quem crê em mim fará as obras que faço e fará até maiores do que elas, porque vou para o Pai. E o que pedirdes em meu nome, eu o farei a fim de que o Pai seja glorificado no Filho. Se me pedirdes algo em meu nome, eu o farei". Escrevi imediatamente esse versículo em meu diário e pedi a Deus que nos ajudasse a superar esse momento difícil.

Na sequência, o ultrassom. O exame mostrou que não havia respiração e nem movimento dos braços e pernas do bebê. Meu coração parou. Observamos a responsável pelo ultrassom monitorar o bebê durante trinta minutos sem nenhum sinal de vida, exceto o batimento cardíaco. Perguntamos se o bebê estava bem; ela respondeu que teríamos de falar com o médico.

Depois do exame, com a minha esposa sentada numa cadeira de rodas no corredor, nós oramos. Meu coração disparou quando percebi o que estava acontecendo. Enquanto orávamos, senti como se o Senhor falasse ao meu coração, dizendo que o bebê viveria. Fomos levados de volta para o quarto da minha esposa, onde um pastor da nossa igreja estava esperando. Eu o pus a par da situação e pedi-lhe que continuasse a orar.

O médico chegou. Ele estava vestido como se estivesse pronto para uma cirurgia. De acordo com ele, os resultados dos exames feitos diziam que as probabilidades de o bebê ir a óbito eram de 94%. Ele estava pronto para uma cesariana de emergência para retirar o bebê.

A máquina de ultrassom foi levada para o quarto, e o médico fez mais um exame. Aí, porém, o resultado foi totalmente diferente. O bebê se movimentava! Podíamos vê-lo respirando, suas mãos tocando o rosto e suas pernas chutando. Era um milagre!

A enfermeira nos mostrou a linha plana que se mantivera durante duas horas e então mostrou a linha depois que Deus havia curado o bebê.

Essa experiência confirmou o que eu acreditara pela fé: que Deus nos ouve nas horas mais difíceis em que clamamos por ele.

"Eu me afastei abalada!"

TERRI BRACY,
Ministra Licenciada, Igreja Unida de Cristo

O auditório intensamente iluminado estava lotado. A banda ensaiava, enquanto o responsável pelo som testava o primeiro de uma dezena de microfones. As pessoas na multidão, bem-vestidas, saudavam-se umas às outras com cumprimentos e abraços efusivos. O volume da música foi aumentando e as batidas do compasso direcionaram toda a atenção para a frente. Mãos batiam palmas. Pés batiam ao ritmo do som. Vozes elevavam-se em alegre celebração. Uma porta se abriu, e o primeiro de quatro pastores entrou dançando no palco, Bíblias erguidas, entoando cantos de louvor. A multidão estava pronta; o recinto vibrava com o espírito de Deus.

A cena era bem diferente daquela da noite anterior, em que, sentada à mesa da cozinha, fiquei chorando copiosamente. Era tarde. Eu havia trabalhado muito durante todo o dia e voltara para casa — para um casamento agonizante e um filho que precisava da mãe. Trabalho de casa, jantar, banho, finalmente cama. Então tudo estava quieto, e eu precisava estudar para uma aula de Bíblia. Um copo de vinho estava fora de questão, e sem ele as preocupações do dia continuaram comigo.

A lição da semana era sobre os dons do Espírito. Coríntios ensinava que falar em línguas era o menor dos dons, mas nunca se ficaria sabendo disso pela igreja que eu frequentava. Todos falavam em línguas, menos eu, e eu não tinha certeza se aceitava isso. Se não se demonstrava ser batizado no Espírito Santo usando uma língua secreta para orar, isso significava que não se estava cheio do Espírito? Na verdade, eu estava tão absorta tentando imaginar se os outros estavam fingindo, a ponto de prejudicar a minha própria devoção.

Sentei-me à mesa da cozinha chorando, sabendo que estava no lugar errado de várias maneiras, mas sem saber como encontrar o lugar certo. "Deus, você está aqui? Você é real? Eu preciso saber. Eu preciso te sentir. Eu preciso ter certeza." Eu preciso, eu preciso, eu preciso! Como ouso! Não sou nada. Como ouso! Terminei o meu estudo e finalmente bebi aquele copo de vinho. Enterrei a questão profundamente dentro de mim e fui dormir.

Quando acordei, levei meu filho para a escola e entrei no torvelinho de mais um dia de trabalho agitado num escritório agitado, numa cidade agitada, rodeada de pessoas agitadas.

Ainda exausta, dei-me conta de estar num grande ginásio, mãos elevadas ao céu, a música fazendo meu corpo vibrar, esperando alegria. O pastor pediu silêncio. "Quem aqui não foi batizado no Espírito Santo?", perguntou. Poucas mãos se levantaram. Em sua maioria, esse rebanho fora bem treinado e recebera havia muito tempo, e muitas vezes desde então, o dom das línguas. Os que dentre nós não o havíamos recebido éramos bem conhecidos. Minha melhor amiga lançou-me um olhar cortante para me lembrar que eu não conseguiria me esconder. Eu não me encolhi no banco. Em vez disso, sentei-me ereta, rígida. Eu estava irritada. "Venham para o altar os que ainda não foram abençoados com o dom das línguas; vocês o receberão", continuou o pastor. Como ele ousa! Eu não vou! Não acreditei por um instante sequer que isso era para mim. Eu não seguiria cegamente nem fingiria. "Vou embora daqui", disse atabalhoada para minha amiga. "Se soubesse que ele iria puxar essa encrenca, eu teria ficado em casa!"

Várias pessoas se viraram e olharam para mim. Uma das minhas professoras me estimulou com um gesto, "Coragem, Terri, não tenha medo". Medo? Eu não estava com medo. Eu estava furiosa! Lágrimas começaram a correr dos cantos dos meus olhos. Meu queixo se projetou desafiadoramente enquanto eu me dirigia para a frente.

Minha professora me acalmou quando colocou as mãos nos meus ombros e em seguida aproximou os lábios do meu ouvido, sussurrando: "Ore comigo". Senti um nó fechando a minha garganta. Minha mente parecia separar-se do meu espírito e eu podia observar a mim mesma. O que era isso? Eu podia sentir um borbulhar que vinha das profundezas do meu ser e de repente essas bolhas se transformaram em palavras — palavras que eu nunca pronunciara antes. Era como se meu corpo estivesse tão cheio delas, que não havia para onde pudessem ir senão para fora da minha boca. Durante vários minutos, fiquei observando, ouvindo, vivenciando. E então parei.

Eu me afastei abalada, literalmente estremecida. Era como se eu tivesse sido eletrificada. No meio do caminho para o meu lugar, eu soube. O Espírito Santo me preenchera. Deus estava vivo e se revelara em mim. A experiência da presença ativa do Deus vivo significava que eu jamais voltaria a questionar. Eu soube também que nunca mais falaria em línguas. Saí daquela congregação pouco tempo depois, sabendo que seus métodos fundamentalistas não serviam para mim. Mas esse encontro me transformou para sempre e se tornou um momento seminal para mim. Hoje sou ministra da Igreja Unida de Cristo.

"Rezei para que Deus enviasse um anjo da guarda para cuidar do meu pai"

ANGIE BUTLER,
Gerente

Sempre acreditei na existência de Deus, mas em fevereiro de 1997 tive a confirmação de que ele existe e de que milagres acontecem.

Meu pai estava com 47 anos na época e tinha sofrido um derrame severo. Ele entrou num estado de coma que durou quase três semanas. Quando recuperou a consciência, não conseguia falar nem reagir. O médico falou com minha mãe e comigo e disse que precisávamos começar a procurar um "lar" para ele. Disse ainda que eram mínimas as possibilidades de que meu pai conseguisse ir um pouco além do estado "vegetativo". Quando eu quis discordar e questionar, o médico pediu desculpas e disse que realmente não havia mais nada que ele pudesse fazer.

Rezei o tempo todo durante essa provação. Eu estava confusa, pensando que havia perdido meu pai e que ele nunca conheceria seu primeiro neto, de quem eu estava grávida. Saí do hospital desnorteada. Mais do que nunca naquela noite, rezei com todas as minhas forças. Rezei especificamente para que Deus enviasse um anjo da guarda para cuidar do meu pai. Rezei tanto, que quando acordei no meio da noite para ir ao banheiro, percebi que ainda estava rezando subconscientemente.

No dia seguinte, depois do trabalho, fui até o hospital para ver meu pai. Eu ainda rezava quando entrei no quarto. O que vi não só me fez parar de rezar — mas também de respirar. Ali, no quadro de avisos fixado acima do ombro esquerdo do meu pai havia um pequeno anjo dourado. Irrompi em lágrimas; nesse momento meu pai abriu os olhos e olhou para mim. Senti uma felicidade tão indescritível, que achei que iria explodir! Abracei meu pai e disse-lhe que eu sabia que tudo iria acabar bem. E, pela primeira vez, ele sorriu. Eu soube naquele instante que Deus era real e ouvia nossas preces.

Ao chegar em casa naquela noite, falei com a irmã do meu pai por telefone. Contei a ela a história das minhas orações, do anjo da guarda e de papai sorrindo para mim. Ela começou a soluçar. Perguntei-lhe o que havia de errado. Ela não entendia o que eu estava dizendo? Ele se recuperaria.

Então ela me contou que quando estivera no hospital naquela manhã, sentira um forte impulso de ir a uma loja de presentes. Disse que se dirigira diretamente ao balcão e pegara um broche com a figura de um anjo que estava lá. Ela achara que o seu único objetivo era comprar esse broche para o meu pai. Ela o comprou, levou-o ao quarto dele e afixou-o no quadro de avisos. A essa altura da história, estávamos ambas chorando.

Meses mais tarde, meu pai deixou o hospital e pôde segurar sua primeira neta no dia em que ela nasceu. Com fisioterapia, ele voltou a caminhar, a falar e até a dirigir o carro. Ele se recuperou quase completamente e viveu por mais oito anos.

"Apague o incêndio"

CHERYL LEHMAN,
Proprietária de Joalheria

Eu faço parte de uma Igreja Espiritualista em San Diego. Os espiritualistas não só acreditam que as pessoas que estão no corpo físico podem se comunicar com os que já partiram; acreditam também no poder da oração — todos os tipos de oração.

Todo mês de outubro, na Califórnia, os ventos de Santa Ana sopram quentes do deserto. A umidade baixa muito, tornando o ar agradavelmente seco e tépido. O Santa Ana sopra durante alguns dias, e os céus, de Ventura até San Diego, ficam claros e azuis — como Deus quer. Mas o céu azul não sorri por muito tempo. Ele é inevitavelmente substituído pelas nuvens espessas de fumaça marrom-escura dos incêndios que se espalham pelo sul da Califórnia.

Em outubro de 2003 não foi diferente. Os ventos secos sopravam e a temperatura estava em torno dos 32 graus. Um incêndio irrompeu logo cedo em Camp Pendleton, ao norte de San Diego. Outros incêndios surgiram a nordeste de Los Angeles e no condado de San Diego. Mais tarde no mesmo dia, novo foco no Condado de Riverside. À noite, as chamas podiam ser vistas em San Bernardino e Fontana. De repente, parecia que todo o sul da Califórnia estava em chamas.

No quarto dia após o início do fogo, um fluxo ralo de fumaça branca subia da vegetação na encosta da montanha acima de San Bernardino, perto da minha casa. Seguramente os bombeiros chegariam logo. Eu esperava que um helicóptero trazendo água do Lago Arrowhead chegasse e extinguisse o fogo. Mas isso não aconteceu. Não havia helicópteros disponíveis. Todos os bombeiros estavam trabalhando em outros lugares. E o tênue fluxo de fumaça branca aumentava à medida que o dia transcorria.

Ao anoitecer, toda a área da montanha estava sem luz. As chamas invadiam a escuridão. O fogo se espalhava sem encontrar qualquer obstáculo. Meu marido e eu deixamos nossa casa às duas horas da madrugada com o nosso *golden retriever*, Max.

Ficamos num hotel em Big Bear, telefonando para parentes e amigos para ver se podíamos ficar com eles. Mas havia incêndios em toda parte, e tínhamos que ficar onde estávamos, impotentes.

Quatro dias se passaram. Os noticiários informavam tudo. Cinquenta mil casas, oitenta mil anexos e dois mil pontos comerciais perto da nossa casa em Lago Arrowhead estavam sendo ameaçados de todas as direções. Assistíamos à TV sem piscar. Nós nos sentíamos impotentes e fora de controle. Só havia uma coisa que podíamos fazer — rezar.

Meu marido e eu conhecíamos muitos casos em que circunstâncias desfavoráveis haviam se transformado radicalmente devido a pedidos constantes dirigidos a Deus. Acreditávamos que seria possível salvar a nossa casa se pedíssemos isso a ele e aos seus anjos poderosos. Então começamos a rezar fervorosamente.

Segundo o Espiritualismo, todos nós temos muitos espíritos conosco e também um guia índio. Guias índios podem ser nossos próprios ancestrais, pessoas que atraímos pela semelhança que temos com elas ou ainda alguém designado por Deus para nos proteger. Quando conhecemos seus nomes, torna-se mais fácil comunicar-nos com eles. O nome do meu guia índio é Chuva Cintilante; o do guia do meu marido é Vento Norte. Por isso, nas nossas sessões de oração, invocávamos Chuva Cintilante e Vento Norte para apagar o incêndio e salvar a nossa casa.

O fogo continuava devastador. Então, uma noite, os noticiários mostraram imagens do incêndio. Reconhecemos a localização; ele estava logo abaixo da nossa casa.

De repente, o vento mudou de direção e começou a soprar do norte. E logo começou a chover! Como num estalar de dedos, o incêndio estava extinto. Voltamos para nossa casa, e a encontramos em pé, firme como uma torre de resistência, com chamuscados ao redor.

Nossas orações haviam sido atendidas. O Vento Norte havia soprado e a Chuva Cintilante caíra para apagar o fogo.

"Toda a dor desaparecera instantaneamente"

VANESSA FOSTER,
Agente de Reservas de Passagens Aéreas

Num belo dia de sol, em maio de 2005, acordei com um enorme desejo de agradecer a Deus por estar viva. Rezei e agradeci, pedindo a Deus que continuasse me abençoando.

Meu marido e eu estávamos procurando uma nova casa, e assim naquele dia entrei no meu carro para continuar as pesquisas. Seguindo para o norte, em direção a um centro comercial próximo, virei para a direita e perdi o controle do carro. Olhando, vi que estava indo contra uma escavadeira num canteiro de obras. Eu sabia que ia bater, sem poder fazer nada. Naquele momento tudo se aquietou e eu entrei em transe. Senti como se estivesse caindo num túnel em câmera lenta. Quando o carro bateu na máquina, não senti nada.

Lembro de ter ouvido os paramédicos dizendo que achavam que eu havia quebrado o pescoço. Eu podia me ver deitada no chão e podia vê-los me atendendo. Quando recobrei a consciência, ouvi um homem dizer que eu era uma pessoa de muita sorte.

A ambulância chegou para me levar ao hospital; o meu pescoço não estava quebrado. Senti que, sem dúvida, Deus havia poupado minha vida.

Mas um mês depois do acidente, eu sentia tanta dor, que mal podia caminhar. Além disso, toda a medicação para a dor me fazia sentir como um zumbi. Eu disse a meu marido que se Deus poupara minha vida, ele podia livrar as minhas costas da dor que eu sentia. Então fui à igreja, e às dez horas da noite, sentei-me no primeiro banco, rezei e dirigi estas palavras a Deus: "Meu Deus, estou muito cansada de tomar esses remédios e acredito que neste momento tu podes me curar. Em nome de Jesus, peço minha cura e desde já agradeço. Não vou tomar mais nenhum remédio". Naquele mesmo instante, senti uma onda de calor desde o pescoço até a base da coluna, e dei um salto. Toda a dor desaparecera instantaneamente!

Deus é admirável, e a minha fé está mais forte do que nunca.

“Se eu achar algum dinheiro, acreditarei”

CHARLES DIXON,
Escritor/Jardineiro

A nossa professora de matemática da terceira série liberou o período da aula para discussão de qualquer assunto. Deus se tornou o tema dos debates. Ela contou o número de alunos que acreditavam em Deus e o dos que não acreditavam. Eu era um dos poucos que disseram não acreditar em Deus. Na verdade, eu nunca havia pensado seriamente no assunto.

Depois da aula, naquele dia, minha mãe me mandou ao mercado comprar um refrigerante. O mercado ficava aproximadamente 800 metros rua acima. Eu comprei o refrigerante e comecei a voltar para casa. De repente, a conversa que tivéramos na escola voltou à minha mente. Eu disse a mim mesmo: “Se existe realmente um Deus, essa é a oportunidade que ele tem para provar sua existência para mim. Se eu achar algum dinheiro na rua, acreditarei”.

Dei apenas um passo e achei uma moeda de 50 centavos. No passo seguinte, mais 50 centavos. Em seguida, outros 50. A essa altura, eu já havia esquecido o que dissera a Deus. Continuei a caminhar e a recolher moedas. Então, de repente, me lembrei. Fiquei apavorado e corri a toda velocidade para casa, com medo de levantar a cabeça e ver a presença ou o poder responsável por aquilo!

Quando cheguei em casa, levei algum tempo para voltar ao normal. Por fim, contei para minha mãe o que havia acontecido. Ela me explicou que alguém devia ter um buraco no bolso, que tudo não passava de uma coincidência.

Estou com 50 anos, e Deus é tudo para mim: toda minha confiança, toda minha fé, toda minha esperança. Deus é meu tudo.

"Nunca se esqueça disso"

BONNIE BAKER,
Auxiliar de Enfermagem Aposentada

Ir à casa da minha avó em Sunshine, Maine, era sempre uma grande aventura para mim. Sempre feliz com as minhas visitas, ela me ajudava a cortar bonecas de papel de velhos catálogos ou buscava a grande caixa com as fotografias antigas dos seus cinco filhos. Nós ríamos juntas vendo os vestidos e penteados, e ela sempre tinha uma história divertida para cada fotografia.

Vovó também tinha seus momentos de seriedade. Depois de cada refeição, líamos um capítulo da sua Bíblia desgastada e rezávamos. Nunca vou esquecer a manhã em que vovó pediu a Deus uma vassoura. Mesmo em meu raciocínio infantil, isso parecia uma coisa muito pequena para incomodar Deus. Porém, guardei meus pensamentos comigo, enquanto vovó fazia com alegria as tarefas da casa, esfregando roupas na tábua do tanque e examinando a sujeira que precisava ser varrida.

Fora da casa, à luz do sol, logo esqueci a oração da vovó enquanto apanhava morangos silvestres — jogando-os na boca para saborear seu sumo doce. Eu estava tão absorta na minha tarefa, que não ouvi os passos na trilha de pedras. Levei um susto quando David, vizinho da vovó, chamou meu nome.

"Sua avó está em casa?", perguntou, com um sorriso aberto, amistoso. Sinalizei positivamente com a cabeça, a garganta muito contraída para falar. Observei quando ele subiu a passos largos até a casa, assobiando e balançando uma vassoura na mão. Assustada, sentei-me no meio da minha trilha de morangos. Deus realmente mandara uma vassoura para vovó? Uma pequena semente de fé foi semeada no meu coração enquanto eu pensava sobre o milagre.

Depois que David foi embora, vovó saiu rápido para fora. "Lizella tinha uma vassoura de sobra e pensou em mim esta manhã", ela disse, referindo-se a uma das suas amigas mais próximas. "Ela a mandou pelo David." Seu rosto estava radiante. "Isso não é uma maravilha?"

Dentro de casa, ela ajoelhou-se junto ao sofá gasto para agradecer. Então vovó voltou ao trabalho, varrendo toda a poeira até a casa ficar impecável. Seus olhos azuis enrugados brilhavam quando ela pôs a vassoura de lado e me pegou no colo. "Filha, nunca tenha medo de pedir a Deus o que você precisa", ela disse, acariciando meus cachos castanhos. "Ele realmente se preocupa conosco. Nunca se esqueça disso."

E eu nunca esqueci.

"Eu pedi um sinal"

EVA HOUSER,
Secretária Particular

Durante vários anos, a minha vida decorreu numa espiral descendente. Meu espírito estava abatido e a minha fé havia quase desaparecido. Tudo o que eu tentava fazer só parecia tornar a minha vida mais desventurada.

Certo dia, quando eu não suportava mais, minha vida deu uma guinada. Eu estivera rezando e não conseguia imaginar por que Deus não atendia às minhas orações. Afinal, não é esse seu trabalho? Ele não deve cuidar de nós? Pela última vez, pensei; vou tentar pela última vez. Então rezei, mas dessa vez minha oração foi diferente. Eu não pedi apenas para ele ajeitar as coisas. Pedi orientação para ser proativa na minha própria vida, para fazer com que meus olhos vissem as respostas que ele colocava no meu caminho — respostas que eu não devia estar vendo com meus olhos terrenos. E mais do que isso, eu fui ousada! Pedi um sinal. Pedi um sinal que eu pudesse ver, sentir e usar na minha busca de uma vida nova e melhor. Pedi que esse sinal fosse colocado diretamente na palma da minha mão, de modo que não houvesse dúvida quanto a ele ser um sinal verdadeiro ou apenas uma coincidência. Rezei durante horas e devo ter adormecido. Quando acordei, eu estava soluçando.

O dia seguinte decorreu normalmente. Levantei-me cedo e fui trabalhar. Era época de Natal, e a mulher muito especial com quem trabalho, Rosalind, pediu minha ajuda para embrulhar presentes. Enquanto trabalhávamos, começamos a conversar. Falei rapidamente sobre a minha oração da noite anterior, mas tive o cuidado de não mencionar o sinal que pedira, com medo de que ela pensasse que eu era meio maluca. De repente, ela saiu da sala, e quando voltou não disse uma palavra. Apenas pegou minha mão e nela colocou não um, mas dois cartões de oração! Os cartões continham orações para o Espírito Santo e como entregar minhas dificuldades para ele. Era o que eu havia pedido! Lágrimas começaram a brotar dos meus olhos e eu exclamei: "Você não faz ideia do que isso significa para mim!"

"EU ESPERNEAVA, ME DEBATIA E LEVANTAVA AS MÃOS"

O Anjo da Guarda em Ação

"Eu estava no olho do furacão"

SENADOR DICK MOUNTJOY,
Senador e Deputado Aposentado da Califórnia

No outono de 1994, eu me encontrava numa posição singular. Havia servido como deputado estadual da Califórnia durante dezessete anos e me preparava para a reeleição quando vagou uma cadeira para senador pelo estado. Eu queria trabalhar no senado e me candidatei para a cadeira. Infelizmente, um quesito legal me impedia de desistir de meu mandato na assembleia, e por isso fui forçado a concorrer pelos dois cargos simultaneamente.

Foi uma eleição penosa, negativa. Um milhão e meio de dólares foram gastos na campanha, para assegurar que eu não ocupasse a cadeira no senado. Apesar da campanha, porém, acabei vencendo as duas eleições.

O fato de eu ter duas posições tornou-se uma oportunidade para o meu partido, o Republicano. Na assembleia, os Republicanos obtiveram a maioria numa casa que era anteriormente controlada pelos Democratas. Seu objetivo era afastar o Presidente da Casa, do partido Democrata. Conseguiríamos isso com o meu voto. Concordei em permanecer na assembleia estadual até a votação para tirar o presidente, quando então eu renunciaria e iria para o senado. Eu imaginava que isso levaria uma semana.

Mas as coisas não aconteceram desse modo. Um dos republicanos não acompanhou o partido, e a votação para destituir o Presidente ficou empatada. O Presidente permaneceu.

O que aconteceu em seguida foi difícil e inesperado. O feitiço virou contra mim. Na assembleia os Democratas planejavam minha expulsão, enquanto o senado deu início a uma ação para anular a minha eleição para o senado. Se isso acontecesse, eu estaria alijado da política.

Era um momento na minha vida em que eu sabia estar fazendo a coisa certa, mas não sabia o que iria acontecer. Eu estava no olho do furacão. Era como uma montanha-russa emocional. Eu não conseguia dar atenção a muitas coisas por causa da tormenta em minha mente. Era uma tortura, porque eu não sabia qual seria o meu futuro.

Eu fora avisado para não chegar perto da capital, porque se eu estivesse no local os Democratas poderiam convocar uma sessão e votar pela minha saída. Apesar dessa ameaça, decidi ir. O dia estava corrido, e a rotunda repleta de gente. Quase não dava para se mexer. Eu estava tentando atravessar o recinto quando, por alguma razão, olhei para a entrada norte e vi uma senhora abrindo caminho entre a multidão. Os meus olhos encontraram os dela e tive a impressão de que ela vinha na minha direção. Era uma mulher de aparência simples, com cabelos arenosos e um rosto suave. Não levava nada com ela, nem mesmo uma bolsa. Aproximou-se de mim e disse: "Qual é o seu nome?" Eu respondi: "Meu nome é Dick". Ela respondeu: "Fui enviada para rezar por você. Podemos rezar aqui mesmo?" Surpreendi-me dizendo-lhe: "Acho que é uma boa ideia".

Ela pôs a mão no meu ombro, e no salão apinhado ela começou a rezar. Não lembro o que ela disse. As pessoas passavam por nós, e lembro ter pensado como era interessante que ninguém colidisse conosco — nem sequer nos tocasse. Ela permaneceu ali durante cinco minutos, e quando terminou simplesmente virou-se e foi embora. Não tive como agradecer nem dizer qualquer coisa.

Atravessei a rotunda e comecei a descer a escada que levava ao meu escritório. Quando coloquei a mão no corrimão, uma sensação de calor percorreu o meu corpo. Era a mesma sensação que se tem quando se bebe um licor rapidamente. E com essa sensação, veio uma sensação de paz.

Entrei no escritório, liguei para minha mulher e disse: "Não há mais nada de errado. Tudo vai ficar bem". Em seguida, comentei com o meu chefe de gabinete que todas as minhas preocupações haviam desaparecido.

Um mês de debates políticos passou, e eu ainda me sentia do mesmo modo — livre de preocupações, mesmo quando o Presidente convocou uma reunião para me excluir da assembleia estadual. Fui ao térreo da assembleia naquela noite. Os repórteres estavam lá e me diziam: "O senhor não parece nervoso para alguém que está para perder sua cadeira no legislativo". Minha resposta foi que tudo acabaria bem. Naquela noite houve a votação, e os Democratas me excluíram da assembleia estadual.

Quando ia para casa, andando no estacionamento para pegar meu carro, o garagista me informou que havia uma chamada para mim. Era o presidente em exercício do senado. Ele disse: "Você precisa estar aqui amanhã de manhã. Vamos empossá-lo no senado". No final, eles não haviam anulado a eleição. No dia seguinte, eu era senador.

A partir do momento em que aquela estranha rezou por mim, nada mais me preocupou. Era uma sensação incrível. Era inacreditável. Era real. Jamais esquecerei essa sensação. Ela me fez agradecer porque existe um Deus.

"Um homem saiu do furgão"

SARAH PIERSON,
Técnica em Radiologia e Mamografia

Minhas filhas gêmeas estavam com 8 anos de idade quando as levei para uma festa na escola. Ao chegarmos, estacionei a minifurgão na rua. Então, uma das meninas começou a gritar. Corri para o outro lado do carro e vi que ela ficara com a mão presa na porta do furgão. A irmã havia fechado acidentalmente a porta na mão dela.

Tentei desesperadamente abrir a porta, mas ela não se mexia. Olhei ao redor, em busca de socorro. Não havia ninguém por perto — todos estavam na festa. Eu estava em pânico. Não queria deixar minha filha chorando e com dor, com a mão presa na porta, mas sabia que precisava deixá-la para buscar ajuda.

No exato momento em que estava me virando para correr em busca de ajuda, a porta se abriu com um estalo, e um homem saiu do furgão. Ele simplesmente saiu e se afastou. Não sei de onde ele veio ou como entrou no furgão sem que eu visse. Comecei a abraçar minha filha, e ele passou por mim sem dizer nada. Não consegui saber seu nome ou qualquer outra coisa. Ele simplesmente desapareceu.

Foi uma sensação muito estranha, surreal. Depois que aconteceu, eu queria muito agradecer a esse homem misterioso que apareceu do nada para nos ajudar. Hoje sei que era um anjo ou o próprio Deus disfarçado de homem.

"O que você está procurando?"

JEFF KRIEGER,
Administrador Aeroespacial

Eu acabara de chegar a Melbourne, Flórida, para uma reunião de negócios. Era a minha primeira vez nessa cidade. Alguns do grupo se encontraram no saguão do hotel e decidiram se reencontrar num determinado restaurante a dez minutos de distância. Como eu estava hospedado em outro hotel, resolvi ir até o restaurante sozinho, no carro que havia alugado.

Mas logo percebi que o restaurante não ficava onde eu imaginara. Rodei de um lado para outro na avenida principal durante trinta minutos. Estava frustrado e muito irritado comigo mesmo. Também fiquei chateado porque meus colegas já estariam lá a essa altura e provavelmente teriam feito o pedido.

Parei num semáforo. Estava escuro e eu ia quase desistir quando, coisa inusitada para mim, eu disse eu voz alta: "Meu Deus, ajuda-me a encontrar esse restaurante!" Então olhei para fora, pelo vidro esquerdo, e no carro ao lado do meu, também parado no semáforo, estava um senhor movimentando os braços, procurando chamar a minha atenção. Baixei o vidro para ver o que ele queria. Para minha surpresa, ele perguntou o que eu estava procurando.

Respondi que estava procurando uma churrascaria, de cujo nome não conseguia me lembrar. Ele me disse para virar à direita no semáforo e segui-lo por cerca de 800 metros; a churrascaria ficava no lado esquerdo da rua. Eu segui suas instruções e, claro, ele me levou direto ao restaurante, sinalizou pela janela para eu entrar no estacionamento e abanou em despedida.

Permaneci no carro durante um ou dois minutos para coordenar os meus pensamentos antes de me juntar aos meus colegas de trabalho. O fato certamente foi para mim uma confirmação de que Deus ajuda se a gente pede.

Já se passaram vários anos desde então, e eu ainda lembro esse acontecimento como um exemplo do modo como Deus opera em nossa vida.

"Eu esperneava, me debatia e levantava as mãos"

ANNE BARTON,
Professora Substituta

Quando eu tinha 14 anos, viajei num final de semana para um lugar chamado Camp Warnecke, em New Braunfels, Texas, com a minha turma de espanhol. Havia chovido muito durante a semana e o rio estava cheio e correndo mais rápido do que o normal. Todos entramos em câmaras de ar e flutuamos rio abaixo, serpenteando entre pedras e corredeiras naturais. Depois de passar pelas corredeiras, chegávamos a um local onde as pedras terminavam, voltávamos para o ponto inicial e repetíamos o percurso.

Depois de fazer isso várias vezes, perguntei à minha amiga se ela não queria flutuar nas corredeiras sem as câmaras de ar. Ela concordou e lá fomos nós, flutuando entre as rochas e sendo levadas pela correnteza.

Eu estava na frente quando cheguei ao final das corredeiras e fui jogada no meio do rio, que corria muito. Olhei para a frente e vi uma parede de concreto com 15 metros de altura, onde o rio era forçado a desviar. Na frente da parede havia um enorme redemoinho, e antes que me desse conta, eu estava nele e afundando. Eu esperneava, me debatia e levantava as mãos para a superfície com todas as minhas forças. Não sei por quanto tempo fiquei submersa quando, de repente, senti algo. Eu agarrei, puxei e me vi dentro de uma câmara de ar. Olhei ao redor e não vi ninguém, a não ser a minha amiga, rio acima, salva sobre uma pedra, chorando. A câmara parecia ter surgido do nada.

Batendo os pés, consegui chegar até a margem. Quando saí da água, olhei novamente para a esquerda e para a direita. Não havia ninguém. Cerca de 900 metros à frente havia uma multidão de pessoas. De repente, a multidão se dispersou, um homem se adiantou e caminhou na minha direção. "Essa câmara de ar é minha", ele disse calmamente. "Eu a estava observando e pensei que você poderia ter problemas. Eu tinha duas câmaras. Atirei a primeira e ela não alcançou você. Então joguei a segunda e ela caiu nas suas mãos."

Eu lhe devolvi a câmara e agradeci; ele simplesmente se virou e afastou-se, desaparecendo na multidão.

"Faça o trabalho difícil por menos dinheiro"

KATHRYN POINDEXTER,
Coordenadora de Campanha

Eu estava no último ano da faculdade e não sabia o que iria fazer depois de formada. Eu já havia enviado alguns currículos, fizera algumas entrevistas e recebera uma oferta de trabalho muito interessante de uma organização política sem fins lucrativos. Mas era um trabalho difícil. Eu teria de morar em Washington, D.C., trabalhar horas em campanha (pelo menos setenta horas por semana) com remuneração baixa. Eu não sabia se poderia realizar a tarefa com um salário tão baixo.

Adiei a decisão de assumir o emprego e fui a uma entrevista para uma empresa de material hidráulico. Esse trabalho exigiria cinquenta horas semanais e pagaria o dobro do anterior. Mas eu teria de vender produtos hidráulicos, algo que me parecia muito enfadonho.

Na apresentação feita pelo setor de recursos humanos, a representante da empresa falou sobre as horas e os benefícios. Ela repetiu várias vezes: "Você precisa fazer o trabalho difícil por menos dinheiro; o retorno virá no longo prazo". Ela estava recrutando pessoas para assumir o emprego na empresa, mas tudo que eu ouvia era "Trabalhe para a organização não lucrativa". E ouvi isso uma, duas, muitas vezes.

Ouço frequentemente o ditado "Deus fala por intermédio de outras pessoas", e foi isso que aconteceu comigo. Eu não ouvia nenhuma outra voz, a não ser a dela, dizendo: "Você precisa fazer o trabalho difícil por menos dinheiro", repetidamente. Naquele momento eu soube, por aquela voz calma e suave, que eu devia ouvir o que ela estava dizendo. Eu soube sem nenhuma dúvida que suas palavras se dirigiam especificamente para mim e que eu estava recebendo uma importante mensagem.

E assim ouvi aquela voz e fui trabalhar para a organização sem fins lucrativos. Comecei sem nada e trabalhei como nunca o fizera antes. Mas como ouvi a mensagem, fui capaz de causar um impacto positivo no mundo, o que não teria acontecido se eu tivesse optado por vender suprimentos hidráulicos.

Conservo a logomarca da empresa hidráulica no meu chaveiro para me lembrar que há um plano para a minha vida.

"Deus está dentro de você"

DAVE HURLEY,
Artista/Terapeuta

Corria o ano de 1977 e eu frequentava uma escola de artes na cidade de Nova York. Era um belo dia de outono e eu me encontrava com uma amiga num banco do parque perto da escola. Minha amiga não sabia, mas eu praticava uma meditação de respiração do yoga enquanto estava lá sentado com ela.

A meditação consistia em acompanhar a entrada e a saída de ar por dois centros de energia, o chakra da coroa e o chakra cardíaco. Eu dirigia o ar para o chakra cardíaco, abrindo o coração para o universo, e o exalava pelo chakra da coroa, enviando-o para Deus. Em seguida, fazia o contrário: absorvia a energia divina pelo chakra da coroa e a enviava para fora pelo chakra cardíaco na forma de compaixão. Para ser bem honesto, isso em geral não funcionava. Mas nesse dia, concentrando-me no momento presente, esses centros se abriram e eu senti um estado de graça que era incrivelmente simples. Estava funcionando.

Meu estado meditativo parecia estar atraindo as pessoas. Você sabe, a felicidade é contagiosa! Era assim. Pessoas que não conhecíamos se aproximavam de nós e conversavam. E então uma senhora idosa se aproximou de mim, vinda de uma calçada agitada de pedestres. Sem se apresentar, ela chegou até mim, colocou uma das mãos sobre o meu coração, a outra sobre a minha cabeça, e começou a dar pancadinhas vigorosas com ambas as mãos, dizendo: "Deus está dentro de você. Deus está dentro de você". Eu ri e perguntei: "Como a senhora sabe que Deus está dentro de mim?" Ela respondeu: "Eu sei. Eu sei mais do que você imagina".

Minha amiga observava esse diálogo com uma expressão divertida no rosto, quando a mulher voltou-se para ela e disse: "Você não precisa se preocupar. Seu marido irá cuidar de você". Eu repliquei: "Sim, mas um marido não precisa ser cuidado por sua mulher?" "Sim", ela disse, "sua esposa está cuidando de você." "Ah, eu tenho uma esposa?" "Sim, você tem uma esposa!" Dizendo isso, ela se afastou.

O resultado é que essa estranha estava certa. Eu havia acabado de iniciar um namoro com uma mulher que acabou se tornando minha esposa. Celebramos recentemente o aniversário de 25 anos de casamento.

"Ele me aterrorizou"

KATHLEEN EBERLY,
Auxiliar de Pastor

O natal de 1992 foi uma época tenebrosa para mim. Estava casada com um alcoólico extremamente agressivo. Eu trabalhava em período integral, ele não trabalhava. À noite ele me apavorava com armas e facas, ameaçando minha vida e a vida dos meus animais de estimação.

Fora um ano difícil. Eu havia perdido algumas pessoas próximas. Meu marido matara um dos meus gatos, e agora meu gato Bud estava muito doente, e eu sabia em meu coração que o culpado era o meu marido.

Uma noite, recebi a notícia de que meu sobrinho estivera envolvido num grave acidente; ele fora projetado pelo para-brisa e perdera parte do rosto. Ele era como um irmão para mim, e eu corri para o hospital para ficar ao lado dele.

Quando voltei para casa, meu marido me disse que Bud havia morrido. Essa foi a última gota. Comecei a destruir a decoração natalina e corri para fora, no meio da neve, soluçando descontrolada. Enquanto estava lá sentada, chorando sem parar, apareceu uma mulher. Não tenho ideia de onde ela veio. Ela me envolveu com seus braços e nesse mesmo instante senti um calor que eu jamais conhecera.

Ela me levou para dentro de casa, onde continuou a me confortar. Contei-lhe o que estava acontecendo na minha vida — como eu culpava meu marido pela morte do gato e como eu precisava me separar ou então acabar com a minha vida.

Ela disse que eu não podia fazer nada disso. Enfatizou que os planos de Deus incluíam meu marido. Ela disse que havia planos maiores em andamento e que nós precisávamos ficar juntos. Quanto a me tirar a vida, nem pensar, pois que não era isso que Deus queria. Eu precisava confiar em Deus.

A estranha falou que Bud morreu para que outro gato pudesse ser ajudado e que eu teria outro gato em poucos dias. Segundo ela, Deus sabia que eu amava os animais e cuidava deles. Ela rezou comigo, enxugou minhas lágrimas e foi embora.

Eu nunca tinha visto essa mulher antes e nunca voltei a vê-la. Ela me disse que estava estudando nas proximidades, mas quando fui ao lugar onde ela deveria estar, ninguém ouvira falar nela. Seria ela um anjo da guarda? Acho que sim.

Aquela noite foi um momento decisivo na minha fé, quando tive certeza absoluta de que Deus me ama. Eu ouvi o que aquela mulher me falou, e posso ver agora por que ela me passou aquelas mensagens.

Como a mulher predisse, ganhei outro gato poucos dias depois de conhecê-la. E apesar das agressões contínuas, fiquei com meu marido. Foi muito difícil, mas com isso aconteceu um milagre. Eu recebera o diagnóstico de esterilidade, mas fui abençoada com um lindo filho.

Mas as ofensas continuaram e pioraram. Meu marido desenvolveu cirrose no fígado e ficou muito doente. Ele me ameaçou com uma faca na frente do nosso filho. Sem poder aguentar mais, saí de casa e me mudei. Mesmo assim, as ameaças continuavam.

Então uma noite, quando pensava que não suportaria outro dia, clamei a Deus, dizendo: "Não consigo mais suportar isso. Entrego tudo em tuas mãos".

No dia seguinte, eu soube que meu marido havia morrido. Ele morrera no momento em que eu pedia ajuda a Deus.

Deus me abençoou de muitas outras maneiras desde aquela noite. Se eu não tivesse ficado com meu marido, não teria o filho maravilhoso que é uma bênção para mim. E hoje trabalho aconselhando mulheres em minha igreja. Sou grata pela dor que passei, porque sem ela eu não seria capaz de ajudar outras pessoas.

"Nenhum ser humano poderia desaparecer tão rápido"

ED CWYNAR,
Químico Pesquisador

Três semanas antes da morte de minha mãe, provocada por uma doença rara chamada amiloidose, ela pediu que eu fosse à copa do hospital buscar chá e sorvete para ela. Havia duas enfermeiras e um paciente na copa, um senhor mais idoso. Ele estava junto a uma estrutura móvel com várias garrafas suspensas.

As enfermeiras estavam nos fundos da copa, aquecendo a comida no micro-ondas. Eu as reconheci, pois estava ali havia quatro dias, e tentei iniciar uma conversa, mas elas me ignoraram. O homem se virou para mim e começou a falar. Ele disse que se chamava Abner. Falou durante três minutos antes que as enfermeiras abrissem o micro-ondas e saíssem apressadas com a comida.

"Algumas pessoas são simplesmente invisíveis para os que vivem atualmente", disse Abner. Então mencionou que estivera visitando minha mãe. Falou aproximadamente durante dez minutos antes de despedir-se.

Quando voltei para mamãe, falei-lhe de Abner. Contei-lhe que ele me disse que havia passado pelo quarto para vê-la mais cedo e que essa tinha sido sua quarta visita naquela semana. Que a conhecia desde que ela era criança. Ela não tinha ideia de quem eu estava falando e não conseguia se lembrar de nenhum conhecido de nome Abner. Um pouco mais tarde, fui até a ala dos pacientes cardíacos e com câncer, mas não o encontrei. Procurei informações com as enfermeiras alguns dias depois, para saber se havia alguém no andar com o nome ou sobrenome Abner. Não havia.

Uma semana depois mamãe piorou. A amiloidose começou a penetrar na barreira hematoencefálica. O oncologista havia dito que isso aconteceria próximo ao fim da sua vida. Suas capacidades de comunicação diminuíram. Ela precisava se esforçar para falar quando tentava comunicar o que queria. Cada frase que dizia na verdade significava alguma outra coisa.

Num dia em particular, passei sete horas traduzindo e registrando sua nova "língua". Exausto, resolvi fazer uma pausa, antes que meu irmão chegasse para sua visita à noite. Voltei à copa para conseguir uma sopa instantânea e alguma coisa para beber. Eu estava esquentando a sopa no micro-ondas quando Abner apareceu. Eu disse que estivera à sua procura durante a semana, mas não conseguira encontrá-lo. "Eu tinha outros amigos para visitar", ele disse, e fez uma pausa. "Eu fui ver sua mãe todos os dias, às vezes três vezes por dia." "Quem é você?", perguntei. "Abner!", foi sua resposta. "Eu sei que seu nome é Abner", eu disse, "mas quem é você?"

Naquele momento ele soube que eu sabia. Eu sabia que ele era um espírito celestial. "Sua mãe tem pouco tempo... Não sei exatamente quanto. Que ela fique em paz. Eu cuidei da sua mãe quando ela era criança. Agora estou aqui para levá-la para casa quando ela estiver pronta." Estendi o braço e peguei o dele. A sensação era de um braço de carne e sangue. "Agora sei que você é real", eu disse.

Ao virar-se para sair, ele teve de se esforçar para passar pela porta com todas as bolsas médicas presas à armação que ele empurrava. Quando a porta começou a se fechar, corri para segurá-la e deixei a copa meio segundo atrás dele. Quando olhei no corredor, não consegui vê-lo em nenhum lugar e também não havia som vindo de nenhuma direção. Nenhum ser humano poderia desaparecer tão rápido. Eu estava certo!

Essa experiência consolidou a minha crença e me apontou uma direção diferente na minha vida. Para mim, foi a reafirmação de Deus de que ele quer que eu seja mais espiritualizado e de que a minha saúde mortal não é tão importante quanto a minha saúde espiritual.

"Ele esqueceu de soltar"

LAURIE SWISTAK,
Professora de Ensino Básico

Era setembro de 1986. Meus pais e eu estávamos num *shopping center* com meus filhos — Patrick, que estava com quase 3 anos, e Brian, com 7 anos e meio. Levei Brian a uma loja de brinquedos enquanto meus pais cuidavam de Patrick.

Quando voltei da loja, meus pais estavam visivelmente abalados. Com lágrimas nos olhos, papai me contou o que havia acabado de acontecer.

Patrick havia ficado na base da escada rolante, deslizando as mãos no corrimão. Num determinado momento, ele esqueceu de soltar e a escada rolante o levou para cima, com o corpo pendurado na lateral.

Em segundos, meu pai correu escada acima para ajudá-lo. Nesse momento, Patrick estava na metade da escada, balançando a seis metros acima de um piso de mármore. Antes que meu pai pudesse alcançá-lo, uma mulher, vestida de preto, debruçou-se sobre o corrimão e puxou Patrick para a escada, entregando-o em seguida a meu pai. Enquanto abraçava Patrick fortemente, ele olhou para agradecer, mas a mulher havia desaparecido.

Quando isso aconteceu, havíamos acabado de marcar a data da cirurgia para corrigir um defeito no coração de Patrick. A cirurgia seria realizada em novembro, e tínhamos o coração cheio de temor e angústia enquanto preparávamos a nós mesmos e a Patrick para essa provação que se aproximava. Eu acho que Deus sabia que eu precisava da confirmação — antes da cirurgia — de que tudo acabaria bem.

Minha família havia recebido a presença de Deus, poderosamente, durante os três anos anteriores. Eu fui diagnosticada com um tumor no cérebro quando Patrick estava com cinco meses. Quatro meses depois meu marido sofreu um ataque cardíaco. O terror que sobreveio ao saber que poderíamos perder nosso filho exigiu outra afirmação do amor e do desvelo de Deus por nós. O incidente com Patrick ocorreu antes até que eu pudesse perceber que talvez estivesse vacilando em minha fé e confiança. Nosso Senhor tem um modo de nos deter em nosso caminho e de suavemente levantar nossa face para ele.

"A TUA FÉ TE CUROU"

Recebendo a Cura

"Comecei a ver dentro das pessoas"

TOM CLAUSEN,
Curador

Aos 20 anos de idade, sofri um grave acidente de carro. Lembro que, de um lugar de amor, eu olhava para baixo, para uma equipe de médicos que trabalhava agitada e precipitadamente sobre o meu corpo inerte numa sala de cirurgia. Eu tinha a impressão de estar acompanhado por uma presença que não podia ver, mas que era indescritivelmente bela. Era-me oferecida a opção de ficar onde eu estava ou de voltar para meu corpo, quando recebi uma mensagem de que havia mais a fazer. Quando recobrei a consciência alguns dias depois, os médicos disseram que eu havia morrido e tinha sorte de estar vivo.

Tomei essa experiência por um sonho até 21 anos mais tarde, quando me aconteceu algo que mudou a minha vida para sempre. Eu trabalhava como agente de treinamento para uma empresa de mineração, quando decidi tirar alguns dias de folga para fazer prospecção. Meu pai me ensinara a usar uma vara de radiestesia para procurar água e minerais no subsolo, e eu me dera bem com isso. Nessa viagem, montei o acampamento e saí em busca de ouro.

Eu seguia por uma trilha antiga, coberta de vegetação, deixando-me guiar pelas varinhas de radiestesia, quando bum!, fui atingido. Foi como um raio estourando na minha cabeça. Houve um clarão e uma explosão. Eu caí e quando me dei conta estava sentado no chão com a sensação de um peso enorme me pressionando.

Finalmente, consegui voltar para o acampamento, onde dormi durante uma semana — levantando-me apenas para comer e para ir ao banheiro. Cada vez que eu acordava, sentia uma necessidade enorme de rezar, de ficar totalmente absorto em alguma coisa relacionada com Deus. Era estranho, porque até aquele momento eu não tivera o menor interesse por religião. Tinha apenas uma vaga impressão de que havia um Deus em algum lugar nas pessoas porque havia bem nelas, mas era uma crença muito superficial.

Quando voltei para casa, continuei sentindo essa necessidade premente de preencher a mente com a oração. Fui à igreja, juntei-me a um grupo de orações masculino e estudei a Bíblia. Mas continuava insatisfeito.

As minhas atividades na mineração tomaram uma direção diferente: zelar pelas pessoas — por meio do treinamento, da segurança e dos primeiros socorros. Também iniciei um trabalho voluntário num time de futebol local, para ajudar jogadores machucados. Normalmente, eu me restringia a colocar ataduras e fazer massagens. E então algo realmente estranho aconteceu. As pessoas começaram a se recuperar antes do tempo previsto, e eu não fazia ideia do porquê. Eu sabia que não era eu! Comecei a ver dentro das pessoas, os problemas no corpo e o que acontecia na mente delas que causava os problemas físicos. A notícia se espalhou, e logo as pessoas começaram a aparecer em minha casa quase todas as noites e nos finais de semana, pedindo que eu tratasse seus males.

Chegou um ponto em que julguei necessário descobrir o que estava acontecendo comigo. Mudei-me do interior para a cidade. Mas não encontrei a resposta. Só quando finalmente cheguei ao ponto de dizer: "Meu Deus, tu me deste esse dom, por isso agora precisas me ensinar", foi que me distanciei das outras formas de cura e deixei que a própria energia me ensinasse.

Acredito que existe uma energia. Hesito em chamá-la de Deus, mas há uma energia que é todo-abrangente. Ela parece ser todo-onisciente, todo-orientadora e sempre onipresente. Vivo toda a minha vida nela.

Depois de possibilitar durante os últimos dezoito anos que a energia de cura se expressasse inteiramente através de mim, cheguei a compreender que o espantoso é normal. Os milhares de casos de doenças incuráveis e irrecuperáveis sendo curados — sejam pessoas, animais, a terra, o clima, ou o que for — me convenceram sem a menor dúvida de que uma energia, uma energia de amor, está à disposição dos seres humanos.

"Ela se recusava a morrer"

MICHAEL TRUSLOVE,
Diretor Empresarial

Minha esposa, Georgia, ingeriu medicamentos contra a depressão durante quarenta anos. O efeito cumulativo das drogas acabou afetando-lhe o fígado, a ponto de causar a falência do órgão. Seu médico me advertiu de que ela sofrera danos irreversíveis no cérebro e em outros órgãos, e que lhe restavam apenas algumas horas de vida.

Chamei os nossos dois filhos, que precisariam pegar um avião para chegar até nós. Discutimos se deviam vir nesse momento ou esperar pelo funeral. De minha parte, comecei a me preparar para o inevitável.

Minha mãe espalhou a notícia para os seus amigos e amigas, que (diferentemente de mim) eram todos assíduos frequentadores da igreja. Orações foram feitas em todas as igrejas, sinagogas e mesquitas do estado. Eu não acreditava na intervenção de Deus nas questões humanas, mas minha mãe pensava de outro modo.

Embora minha esposa permanecesse inconsciente num quarto de hospital reservado para "doentes terminais", ela se recusava a morrer. Dez dias mais tarde, ela recebeu alta do hospital. Todos os seus órgãos se regeneraram, não havendo nenhuma lesão cerebral.

Acredito que as orações coletivas feitas em sua intenção por pessoas de todas as religiões — tanto pelas que a conheciam como pelas que não a conheciam — produziram resultado. Graças aos céus, hoje eu a tenho de volta, melhor do que nunca. Acho que Ele pensou que eu não conseguiria viver sem ela. Se foi isso que aconteceu, Ele estava certo!

“Suas chances de sobrevivência eram de 10 por cento”

SARAH GREGSON,
Mãe

Meu bebê estava atrasado nove dias. Eu queria um parto natural, e ouvira falar de um hospital que dispunha de quartos específicos para essa finalidade. De acordo com as normas do hospital, se o bebê estivesse atrasado, a mãe precisava antes fazer um ultrassom para examinar a placenta. O meu médico não estaria presente, mas eu confiava que tudo correria bem.

Cheguei ao hospital, onde logo fui encaminhada para a radiologia e fiz o ultrassom da placenta para ver se ela resistiria a um trabalho de parto natural. Em seguida, a radiologista decidiu examinar o bebê. O segundo exame não era uma prática regular, mas a radiologista quis fazê-lo porque eu nunca havia sido examinada por ela antes. Com esse exame, ela descobriu que o coração do bebê estava com um problema.

Uma equipe de especialistas foi chamada para ficar à disposição. O parto foi induzido, e minha filha, Julia, nasceu três horas depois. Ela foi levada imediatamente à unidade neonatal, onde o cardiologista do hospital infantil das proximidades a avaliou e determinou que fosse transferida para sua unidade.

O cirurgião pediu nossa presença no consultório para nos dar as notícias. Ele disse que o estado de Julia não era nada bom. Ela precisaria de uma cirurgia de coração aberto para a realização de uma valvotomia; devido à natureza crítica do problema, acrescida da complicação de um ventrículo esquerdo lesado, suas chances de sobrevivência eram de 10 por cento.

Ficamos arrasados. Alguém nos perguntou se queríamos que ela fosse batizada antes da cirurgia. Dissemos que sim, e realizamos o batismo. Em poucas horas, formou-se um grande círculo de orações, da Inglaterra aos Estados Unidos e à Austrália. Fizemos uma oração quando as portas da sala de cirurgia se fecharam, e eu não posso dizer honestamente que me senti envolvida por muito amor e paz quando entreguei Julia a Deus e à equipe cirúrgica.

A cirurgia correu bem, mas o cirurgião nos preveniu que a recuperação de Julia dependia dela mesma e do "homem lá de cima". Doze horas depois, Julia estava fora de perigo e a equipe da UTI nos disse que nunca havia visto uma recuperação tão milagrosa do coração.

Acredito que Deus pôs sua mão sobre Julia desde o início, a começar com o estímulo que recebi de procurar uma maternidade, mesmo tendo um hospital mais próximo de casa. A radiologista examinou o coração do bebê por dedicação. Se ela não tivesse feito isso, a equipe de cirurgiões cardiologistas profissionais não estaria pronta para ajudar Julia. No final, uma circunstância após outra garantiu que toda uma equipe de profissionais estivesse no lugar certo para ajudá-la.

Agradeço a Deus todos os dias pelo que Ele fez por Julia.

"Um mundo infernal de drogas e prostituição"

DONNA MORALES,
Atendente

Como sobrevivente de incesto infantil, eu estava bem desnorteada na adolescência. Foi um período confuso. Com 14 anos, eu já era sexualmente ativa, e aos 16 estava infectada com gonorreia. Acabei no hospital, internada por uma semana, com tubos em cada orifício do corpo devido à gravidade da infecção. As palavras do médico calaram profundamente em mim quando ele disse que eu era estéril e nunca poderia ter um bebê.

A minha vida entrou na espiral de um mundo infernal de drogas — e subsequentemente de prostituição para sustentar o vício. Eu via amigos morrer por overdoses e viagens horríveis provocadas por LSD. Isso foi suficiente para me assustar e estimular a procurar reabilitação. Parei de usar drogas imediatamente.

Saí do programa de reabilitação de drogas e me tornei alcoólica. A vida não era nada melhor. Por volta dos dezoito anos e meio, eu achava que a vida não tinha valor, e fiz uma tentativa de suicídio saltando de um carro em movimento.

Dois anos depois, algo estava terrivelmente errado comigo. Eu estava doente do estômago e sofria de muitas outras coisas. Marquei uma consulta com o médico que me tratara da gonorreia, porque ele me havia dito também que a doença podia me causar câncer cervical. Eu tinha apenas 20 anos e achava que minha vida estava no fim.

O dr. Katz fez vários exames e entrou no quarto com os resultados na mão, parecendo confuso. Ele olhou para mim e disse: "Donna, você está grávida!"

Ao voltar para casa, entrei em três igrejas e chorei muito, de felicidade. Senti que Deus havia me perdoado por todos os erros que eu havia cometido na vida.

Meu filho mais velho está com 36, e o mais novo com 27, e tenho uma filha com 17 anos! As melhores bênçãos são os três netos que nasceram dos meus bebês milagrosos!

"Atropelado por um caminhão"

FELICE IZZARELLI,
Conselheira Espiritual

Era véspera de aniversário de 12 anos do meu filho Joseph, e ele estava brincando com os amigos na rua. Eu estava dentro de casa, lendo a oração de São Francisco, quando ouvi uma pancada surda. Eu só soube o que era quando os meninos correram até a porta e me disseram que Joseph tinha sido atropelado por um caminhão.

Assim que vi meu filho deitado na rua, meu único pensamento foi: "Meu Deus, o meu filho está em tuas mãos". E continuei dizendo em minha mente: "Seja feita a tua vontade".

Tanto o pneu dianteiro como o traseiro do caminhão haviam passado sobre o estômago de Joseph. Ele bateu a cabeça, rebaixando o painel inferior do caminhão, e feriu o tornozelo numa barra de metal debaixo do caminhão, abrindo um buraco e deixando o osso exposto.

Um dos meus vizinhos estava na janela quando o acidente aconteceu. Esse vizinho já tinha amarrado seu cinto ao redor do tornozelo de Joseph para estancar o sangue e levantado o pé colocando-o sobre um balde. Não considerei coincidência que esse homem estivesse ajudando. Deus sempre manda alguém onde há necessidade.

Fiquei com Joseph, pedindo orações de cura, e depois corri até o homem que atropelara acidentalmente meu filho, pedindo orações para ele.

Até esse momento da minha vida eu imaginara qual seria a pior coisa que poderia me acontecer. Eu sempre pensara que se algo acontecesse ao meu filho, eu não suportaria. Agora me via dizendo ao meu Pai Celestial: "Se essa for a vossa vontade, que ela seja feita; eu a aceitarei". Essa foi a coisa mais difícil que tive de fazer em minha vida!

A equipe de traumatologia estava esperando no hospital e dedicou a Joseph todos os cuidados. Uma tomografia computadorizada e raios X mostraram que não havia fratura de ossos nem lesões internas — apenas as marcas dos pneus no estômago, na forma de contusões preto-azuladas. O buraco em sua perna quase atingira a artéria principal. Ele precisaria de um enxerto de pele mais tarde, mas estava vivo. Depois de cinco minutos de tratamento com imposição das mãos, as contusões desapareceram, permanecendo apenas as marcas dos pneus. Foi um milagre.

Na manhã seguinte, meu filho acordou cantando "Parabéns a você" para ele mesmo. Obrigado, Senhor! Sei que naquele dia muitas orações foram enviadas para a cura de Joseph. Os médicos ficaram surpresos com a rapidez da recuperação. Eu não me surpreendi. Eu sabia que era o poder de cura de Deus que estava em ação. No fim, Joseph não precisou do enxerto de pele, e hoje sua saúde é perfeita.

Essa experiência me fez compreender o quanto somos parte uns dos outros em momentos de necessidade. Todos vieram em minha ajuda: vizinhos, médicos, paramédicos, bombeiros, e todos os que enviaram orações. Deus os abençoe. Também aprendi uma lição valiosa. Sempre tive medo de como reagiria se algo acontecesse ao meu filho. Agora esse medo não existe mais e foi substituído por amor, coragem e a força de Deus para enfrentar tudo na vida.

"A tua fé te curou"

JACK GROSE,
Técnico de Manutenção

Minha esposa, Lesa, sofria de problemas cardíacos desde os seus vinte e poucos anos. Na faculdade, ela tinha desmaios passageiros durante os quais o coração chegava a duzentos batimentos por minuto. Com trinta e poucos anos ela recebeu um marca-passo, e achávamos que isso solucionaria os problemas. Ela estava pronta para prosseguir com a vida. Mas não foi assim. Aos 35 anos, ela sofreu o primeiro de três ataques cardíacos.

Em agosto de 1999, ela recebeu o diagnóstico de vasoespasmos, um defeito genético que já afetara outros membros da família. Nessa doença, as artérias do coração têm espasmos e restringem o fluxo sanguíneo. No caso de Lesa, todas as artérias do lado esquerdo do coração estavam comprometidas. O médico disse que essa era uma doença rara. Ele esperava que a medicina pudesse ajudar, mas não havia cura. Ele nos preveniu que os episódios se tornariam mais frequentes e graves, até que um deles a levaria.

Sete anos mais tarde, eu me preparei para o inevitável. Lesa estava na unidade de tratamento intensivo do hospital — a mesma unidade em que ela trabalhava como enfermeira — pela segunda vez num mês. Ela tinha apenas 40 anos. O médico que havia diagnosticado vasoespasmos estava certo. Os espasmos haviam se tornado mais frequentes e graves. Ela recebia nitroglicerina para abrir as artérias e morfina para a dor. Permanecendo ao seu lado mais de 24 horas, eu a vi receber dezoito injeções de morfina e mais de 100 microgramas de nitroglicerina por hora — o equivalente a cinquenta comprimidos de nitroglicerina sublingual por hora.

O cardiologista-chefe estava de férias quando foi ver Lesa nesse estado. Ele achava que o tempo estava encurtando para ela, mas felizmente ele não queria apenas mantê-la confortável — queria fazer alguma coisa. Ele visitou Lesa uma dezena de vezes naquele dia, trocou ideias com outros médicos e leu tudo o que pôde encontrar sobre a doença dela. Então deu instruções para que ela fosse transferida para o Indiana Heart Hospital, em Indianápolis, para um cateterismo cardíaco, um exame para ver o que estava acontecendo e decidir se era possível fazer algo para resolver o problema.

Lesa foi transferida, e logo uma enfermeira e uma assistente chegaram para levá-la à sala de cirurgia. Brenda, amiga de Lesa, fez uma oração junto a ela e disse que a amava e que a veria novamente. Os médicos disseram que a cirurgia demoraria até doze horas.

Depois de uma hora e meia, o médico entrou na sala de espera, chamando meu nome. Pensei que certamente o pior havia acontecido, porque fora muito rápido. Ele disse que precisávamos conversar, e imaginei que ele me faria tomar uma decisão de vida ou morte. Então pediu que a nossa família e amigos voltássemos ao quarto de Lesa. Quando entrei, tive uma surpresa que jamais esquecerei. Minha esposa estava sentada na cama, sorrindo para mim.

O médico informou que tentara vigorosamente provocar espasmos no coração de Lesa, mas as artérias não reagiam. Elas se comportavam como as artérias de um coração normal. Ele disse que o coração dela estava 100% perfeito! Esse era o mesmo médico que a vira antes. Ele comparou as imagens do cateterismo anterior com as que ele acabara de obter e descobriu que eram totalmente diferentes. Brenda perguntou como isso era possível. Lesa havia recebido toda aquela nitroglicerina — algo que lhe teria provocado dores de cabeça insuportáveis se não houvesse nada de errado com ela — e agora seu coração estava perfeito?! O médico não teve resposta. Foi quando Brenda disse: "Isso aconteceu por intervenção divina".

Pensei que esse médico havia se enganado no diagnóstico e nos exames. Mas sentada na minha frente, obviamente livre da dor, estava minha esposa. Ela não estava recebendo nitroglicerina nem morfina. Saí do quarto para falar com o médico. Ele voltou a afirmar que todos os cateterismos anteriores haviam revelado problemas graves, mas que agora todas as artérias pareciam normais.

Voltei para o quarto de Lesa mais confuso ainda. Perguntei-lhe como ela estava, e ela respondeu: "Ótima". Ela quis se levantar para ir ao banheiro. Eu lhe disse para usar a cadeira com vaso sanitário ao lado da cama, mas ela insistiu em sair da cama e caminhar até o banheiro. Eu achava que a dor voltaria, mas isso não aconteceu. Não havia mais dor nenhuma!

Foi então que ela nos contou o que havia acontecido. Disse que enquanto estava sendo levada para a sala de cirurgia, ela começou a rezar, pedindo para ser curada. No mesmo instante, ela sentiu como se seu corpo estivesse numa banheira de água quente, com uma enorme sensação de paz envolvendo-a por inteiro. Ela disse que sentiu a presença de Deus e que soube então que tudo terminaria bem.

Dois dias depois soubemos que no exato momento em que Lesa estava sendo levada para a sala de cirurgia, uma de suas amigas havia enviado um e-mail para outra com o versículo de Mateus 9.22: "E Jesus, voltando-se e vendo-a, disse-lhe: 'Ânimo, minha filha, a tua fé te curou'. Desde aquele momento, a mulher ficou curada".

Atualmente Lesa é enfermeira em tempo integral para doentes em estado crítico. Nós andamos de motocicleta juntos e brincamos com nossos cachorros. Ela está num time de softbol e joga paintbol sempre que pode. Ela está simplesmente ótima! Não resta a menor dúvida em minha mente de que sua recuperação foi um milagre.

"ALGUMA COISA ME DISSE PARA NÃO PEGAR AQUELE VOO"

O Aviso Levado a Sério

"A panela estava queimando a parede"

CATHERINE HOOD,
Avaliadora Imobiliária

Corria o ano de 1994. Meu marido e eu morávamos num pequeno apartamento de um quarto em New Jersey. Eu nunca havia usado uma panela elétrica, mas resolvi fazer uma tentativa com a que ganhamos de presente de casamento, preparando um jantar especial para meu marido. Coloquei a panela sobre o balcão da cozinha de manhã, preparei os ingredientes, liguei e deixei cozinhando, o que demoraria quase todo o dia. De vez em quando, eu dava uma olhada.

Em algum momento da tarde, eu me senti cansada e me deitei no sofá. Bem quando dormia profundamente, fui despertada pelas sirenes de um carro de emergência. Saltei do sofá, corri até a porta e a abri. Olhei ao redor, mas não havia nada.

Voltei e fui até a cozinha. A panela estava queimando a parede!

Se eu não tivesse ouvido aquelas sirenes, o apartamento poderia ter sido destruído por um incêndio. Não consigo explicar, em termos lógicos, o que aconteceu, mas aconteceu.

Essa experiência me deixou com uma sensação incrível de segurança e bem-estar, por saber que alguém ou alguma coisa maior zela por mim.

"Comecei a rodopiar"

JEAN SHARP,
Consultora de Comunicações na Área da Saúde

Eu moro no extremo ocidental de New Jersey e viajo para trabalhar no leste todos os dias, normalmente dirigindo até a cidade de Nova York ou até meu escritório, localizado a aproximadamente uma hora de viagem da minha casa. A ligação entre o leste e o oeste de New Jersey é feita pela Rota 78. Esta é uma rodovia bastante tranquila na maior parte do dia, mas traiçoeira nas horas de *rush*.

Eram aproximadamente dez horas de uma bela manhã de outono quando me dirigia para o trabalho, sem pressa, despreocupada com o horário e com o tráfego, bastante reduzido. Quebrando a rotina, mantive-me na pista mais à direita, dentro do limite de velocidade.

De repente, senti uma batida muito leve na traseira do carro e imediatamente comecei a rodopiar. A minha primeira preocupação foi com os carros atrás de mim. Eles conseguiriam evitar a colisão enquanto eu rodopiava? Recorri a Deus e pedi que me poupasse de uma vida com alguma deficiência. Eu preferiria dar o passo seguinte, mas não esse.

Eu me vi sendo arrastada para trás, presa à lateral do caminhão que batera em mim. A porta do meu lado desprendeu-se com o carro movimentando-se a 90 quilômetros por hora em marcha a ré, sem freios ou qualquer outro controle.

Ainda em marcha a ré, o carro desviou para a vegetação da beira da estrada, caiu num barranco e acabou batendo numa árvore. Fiquei esperando que o tanque explodisse, mas isso não aconteceu. Saí do carro, ainda sem acreditar. Eu estava incólume (a não ser por um leve envenenamento posterior causado por folhas de uma planta que encheram o carro). Lembro de muitas pessoas descendo pelo mato para me encontrar. Policiais rodoviários e pessoas que viram o acidente não podiam acreditar que eu havia sobrevivido sem nenhum arranhão.

Durante cada etapa desse acidente permaneci consciente da relação entre a minha sobrevivência e a minha ligação com Deus. Nunca estive tão ligada a Deus como naquele dia. Não sei por que não havia chegado a minha hora, mas sei que Deus me manteve aqui para fazer alguma coisa. Talvez partilhar essa história pela primeira vez seja o início dessa jornada.

"Não tínhamos dinheiro nem modo de alimentar os meninos"

JANET DREWETT,
Consultora de Desenvolvimento Profissional

Durante 24 horas por dia, sete dias por semana, meu marido e eu cuidávamos de vinte meninos aborígenes que moravam na cidade para frequentar a escola. Recebíamos salários modestos de uma organização privada, enquanto o imóvel e a sua infraestrutura eram mantidos pelo governo.

Meninos adolescentes estão sempre com fome, e de semana a semana passávamos com o suficiente para sobreviver. Eu cozinhava de tudo a partir do zero e dependia totalmente do fogão para alimentar os meninos. Certa manhã, o fogão parou de funcionar, e eu só consegui dar-lhes chá com torrada no desjejum. O pessoal da manutenção chegou, olhou o fogão, e o levou, dizendo que achava que só o traria de volta dois dias depois. Sem um fogão, o problema era grande. Só tínhamos produtos básicos no armário. Não tínhamos dinheiro nem condições de alimentar os meninos adequadamente; então rezamos. Não falamos a ninguém sobre nossa situação — apenas rezamos.

Os meninos voltaram da escola e só havia chá e torrada novamente. Eles andavam de um lado para o outro, ansiosos. Não havia nada mais para comer e não podíamos dizer-lhes o que — ou mesmo se — iríamos comer. Entretanto, colocamos as mesas como de costume, e em torno da hora em que normalmente servíamos a refeição, a campainha tocou. Eram várias senhoras da Igreja Batista da cidade. Elas nos entregaram caixas de comida que haviam sobrado de uma convenção realizada naquele dia.

Elas disseram que não faziam ideia do porquê haviam se excedido na comida, até que lhes falei do fogão. Havia comida mais do que suficiente para um jantar completo e para as refeições do dia seguinte. Outro milagre foi que o fogão voltou do conserto no dia seguinte.

"Eu tinha um estoque de soníferos"

MARILYN LAWRANCE,
Mãe

Era o ano de 1987. Eu estava passando pelo que posso descrever como o mais horrível, estressante e angustiante período de toda a minha vida. Meu casamento de vinte anos acabara, e todas as traições e falsidades dos anos anteriores absorviam minha atenção. Eu achava que não valia a pena viver e que a única saída para o grande sofrimento era morrer.

Os meus dois filhos ocupavam o meu pensamento o tempo todo, e como católica eu sabia que não devia tirar minha própria vida. Eu implorava e suplicava a Deus para que ele me ajudasse, mas me sentia traída também por ele.

Eu tinha um estoque de soníferos, e em duas ocasiões, por volta de meia-noite, estive perto de acabar com tudo. Nas duas vezes, porém, um visitante diferente bateu na minha porta. Ambos me disseram que haviam recebido uma mensagem urgente de Deus para me procurar. Quando eles chegaram e me disseram o motivo da visita, senti realmente que Deus estava comigo.

Nunca antes ou desde então recebi visitas depois da meia-noite. Deus existe, e ele nos ouve. Ele me salvou.

"Pare de comprá-los"

BILL NICHOLLS,
Carpinteiro Aposentado

Meu pai morreu de câncer no pulmão quando estava com 70 anos. Todos na minha família fumavam. Em comecei a fumar com 23 anos. Quando estava com 37, fumava cinquenta cigarros por dia. Para poder dormir à noite eu precisava tomar xarope para tosse para limpar o catarro dos pulmões. Eu havia tentado parar de fumar muitas vezes, pois sabia que acabaria sendo outra vítima do câncer.

Uma noite decidi descobrir se Deus era real. Entrei no quarto, tranquei a porta, fechei as cortinas e, sentindo-me absolutamente idiota, ajoelhei-me e disse: "Deus, se você existe, eu preciso parar de fumar antes que o cigarro me mate". Imediatamente um pensamento tomou conta da minha mente, como uma ideia repentina: "*Pare de comprá-los!*"

Fui até a cozinha e disse para minha mulher, Anne, o que acabara de acontecer. Intervenção divina é uma coisa, mas cortar um hábito de cinquenta cigarros por dia? Pensei nisso durante uma semana e resolvi procurar a sabedoria divina novamente. Talvez ele me dissesse para reduzir o cigarro ao longo de um período de seis meses. Então, de novo ajoelhado no mesmo lugar, mas antes que eu pudesse dizer uma palavra, novamente: "*Pare de comprá-los!*"

Voltei a falar com Anne. Dessa vez, ela disse: "Então, o que você vai fazer a respeito?" Respondi que precisava levar a coisa a sério e parar de comprar cigarros.

O meu ritual diário a caminho do trabalho era passar pela loja local e comprar o jornal e 25 Winfield Blues. Na manhã seguinte à que recebi a segunda mensagem, cruzei a rua para evitar o dono da loja, porque realmente não queria explicar a ele minha missão divina de parar de fumar.

Uma semana depois, fui tentado. Um amigo deixou um maço de cigarros à mão, e eu não consegui resistir à tentação de fumar um para sentir o sabor. Fumei o cigarro e imediatamente passei mal. Ao chegar no trabalho, passei no ambulatório. Eu estava com náuseas, tontura e transpirava. Também tinha a sensação de ter recebido uma pancada na cabeça.

Nunca mais fumei um único cigarro desde aquele dia. Esse fato não teve nada a ver com força de vontade. A premência de fumar desapareceu, como se eu nunca tivesse fumado antes. Anos mais tarde, deparei com um versículo da Bíblia que dizia: "Deus recompensa os que o procuram". De fato, ele fez isso!

"Tudo o que vi foram faróis que me ofuscaram"

LEE HOWARD,
Enfermeiro-chefe

Aos 18 anos de idade, eu retornava do trabalho para casa, por volta das duas horas da madrugada, quando um carro veio na direção oposta em alta velocidade. Tudo o que eu vi foram faróis que me ofuscaram. Soltei o volante e pensei: "Não há como não ser atingido". Tudo escureceu à minha volta e eu desmaiei.

Quando voltei a mim, estava a vários quilômetros de distância, e não podia acreditar que estava salvo. Tive uma sensação arrasadora de não acreditar que estava vivo realmente.

Até hoje, sei que Jesus assumiu o volante por mim e me salvou. Creio na intervenção divina e sei que todos nós estamos aqui com um propósito. Acho que Deus ainda não desistiu de mim.

"Beber e dirigir"

GREGG MADZI,
Contador-chefe

Eu estava com 18 anos e voltava para casa, depois de sair da casa da minha namorada, onde havia bebido muito. Eu não costumava beber tanto, mas nessa noite eu estava aparvalhado.

No trajeto, dormi ao volante. Quando acordei, percebi que ia direto contra um caminhão de dezoito rodas estacionado na frente de casa, no lado oposto da rua. Eu estava a poucos metros do caminhão, na contramão. Assustado, virei para a direita, para evitar a batida de frente. Jamais vou esquecer o que senti quando virei para a direita e o carro foi para a esquerda. Acabei ao lado do caminhão, na direção contrária à que eu seguia.

Se o carro tivesse virado para a direita, eu teria arrancado toda a traseira esquerda do carro da minha mãe. Apenas fiquei sentado no carro por alguns minutos, agradecendo a Deus.

Com essa experiência aprendi uma lição valiosa sobre beber e dirigir. E nessa altura da minha vida, compreendi que não precisava mais depender da fé — eu *sabia* que Deus existia. A ironia dessa história é que estou casado com uma mulher maravilhosa chamada Sandy, que está numa cadeira de rodas porque foi atropelada por um motorista bêbado quando ela era jovem.

"Todos teríamos nos afogado"

HUGH CONWAY,
Vendedor de Equipamentos para Construção

Numa sexta-feira, tarde da noite, alguns amigos e eu estávamos indo até o nosso poço de nadar favorito, numa pedreira sem fundo, em Bakerton, West Virginia. A pedreira era rodeada de penhascos, e a única maneira de poder nadar era saltando de uma ribanceira de 15 metros. Então era preciso subir o despenhadeiro e pular outra vez.

Estivéramos festejando boa parte da noite, por isso estávamos bastante altos. Meu amigo Mark estava dirigindo — ele era o único entre nós que tinha um carro. Ele dirigia como um louco quando estava sóbrio; imagine então quando estava alcoolizado.

Para chegar à pedreira era preciso passar pelos campos de antigas fazendas. Não havia nenhuma estrada de acesso. Nessa noite em particular, estava muito escuro e tivemos muita dificuldade para localizar a porteira. Quando conseguimos, Mark entrou numa antiga pastagem para gado. Então ele acelerou o que pôde e nós começamos a rodopiar e derrapar pelo campo. Mark adorava nos aterrorizar e não parou nem mesmo quando sua namorada, Nancy, meu amigo Jim e eu lhe imploramos. Mesmo hoje devo admitir que foi divertido.

Depois de aproximadamente quinze minutos que Mark estava fazendo isso, sempre conseguindo esquivar-se de pedras e árvores, algo aconteceu. Gritei o máximo que pude para ele parar. Ele pisou no freio e o carro deslizou de lado por uns seis metros até finalmente parar.

Eu estava sentado no assento da frente e, quando olhei, pude ver a beira da pedreira e um vazio negro à nossa frente. O carro havia parado a alguns centímetros do penhasco.

Se eu tivesse aberto a minha porta, teria caído. Todos tivemos de sair do carro pelo lado esquerdo. Se tivéssemos caído naquele penhasco, todos teríamos nos afogado e as nossas famílias nunca descobririam o que tinha acontecido conosco. Ficamos sentados no chão, em estado de choque, e instantaneamente sóbrios.

Ainda não sei por que gritei daquela maneira. Creio que Deus falou por meu intermédio. Até hoje, meu amigo Jim se lembra desse fato como o momento em que salvei sua vida. Eu me lembro dele como o momento em que Deus nos salvou a todos.

"Um mar de cacos de vidro"

PATRICIA FRUTTAURO,
Joalheira

Meu filho estava oferecendo um almoço festivo para a família no jardim de sua casa em Londres. Quando entramos em casa, ele disse: "Cuidado com aquele espelho". Era um espelho de vidro enorme, feito para cobrir toda a entrada, com o objetivo de fazê-la parecer maior. O espelho era imenso. Ele fora entregue no dia anterior e estava apoiado na parede até ser instalado, no dia seguinte.

Fomos para o jardim, que era bastante amplo, onde as pessoas bebiam enquanto meu filho assava a carne. Era um dia muito quente, ensolarado, e Eleanor, minha neta de 2 anos, vestindo uma blusinha sem mangas e calças de algodão, brincava por perto de nós. Não nos demos conta de que ela se afastara até ouvirmos um som espantoso, horrendo, de vidro quebrando e Eleanor gritando.

Minha filha e eu fomos as primeiras a chegar à cena. Eleanor estava de pé no meio de um mar de cacos de vidro. Nós a pegamos, levamos ao banheiro e a despimos rapidamente para examinar se não estava ferida. Não vimos absolutamente nada. Mas quando voltamos à entrada para examinar o local, a passagem cheia de vidro, encontramos um cacho dos cabelos loiros de Eleanor no meio de todo aquele vidro. De alguma maneira, o vidro, ao cair, havia cortado uma mecha de cabelo.

Todos pensamos que havia acontecido um milagre. As pessoas ficaram bastante silenciosas — na verdade, pensativas — porque foi uma coisa extraordinária. Lembro que pensei: "Ela tem um anjo da guarda".

A minha tendência é ser bastante racional, por isso continuei pensando: "Como isso pôde ter acontecido — ter um cacho de cabelo cortado e ela não ter sofrido nem um arranhão?" Acredito numa força superior. Acredito que Deus estendeu sua mão e protegeu Eleanor naquele dia.

"Alguma coisa me disse para não pegar aquele voo"

BRUCE BRAMHILL,
Distribuidor de Tecnologia para Diagnóstico por Imagem, Aposentado

Era o dia 24 de fevereiro de 1989, e eu me encontrava em Los Angeles a negócios. Eu estava na fila de *check-in* no Aeroporto Internacional de Los Angeles para voltar para casa, em Melbourne, Austrália. Esperava ali, de pé, quando um pensamento atravessou minha mente: "Não volte para a Austrália. Vá para a Suíça". A instigação era premente. Eu simplesmente ouvi: "Não entre naquele avião. Vá para o outro lado". Fiquei desnorteado. Sou rigoroso e disciplinado com relação a viagens, e não gosto de mudar os planos. Mas dei a volta, comprei uma passagem para Zurique e fiz planos para uma reunião de negócios naquela cidade.

Ao desembarcar em Zurique, passei por uma banca de revistas e na primeira página de um jornal vi a fotografia de um 747 da United Airlines com a porta dianteira direita apontando para o ar. Era o meu voo. A porta do compartimento de carga explodira sobre o Havaí, levando com ela parte da fuselagem e do interior da aeronave. Nove pessoas morreram. O meu assento, localizado no corredor da primeira fila da classe comercial, no lado direito do avião, permaneceu, mas os que estavam logo atrás foram levados.

Para mim, o que aconteceu foi um forte tapa dado pelo Grande Espírito no meu ombro, orientando-me a fazer algo diferente do que eu planejara. Agora, cada dia mais, presto muita atenção a esses tapas no ombro.

"Cada dardo atingia o olho do boi"

PAULINE RICK,
Missionária

Aos 32 anos eu havia chegado a um ponto em que devia estar contente com a minha vida, carreira e oportunidades de viagens internacionais, mas não estava. Amigos me incentivavam a fazer uma pausa em minha vida para buscar a orientação de Deus participando de uma escola de discipulado durante cinco meses.

Eu pensei no assunto, mas estava dividida. Eu não queria deixar meus pais idosos, com quem eu morava. Eu mantinha um relacionamento de cinco anos com meu namorado (e também não queria deixá-lo) e sentia que meu irmão precisava de minha amizade e atenção. Eu rezei e disse a Deus que esses eram meus três obstáculos para frequentar a escola.

Em três semanas, os obstáculos foram removidos. Meus pais decidiram ir ao Chile para visitar minha irmã. Meu irmão conseguiu um emprego, em que iria trabalhar e morar num veleiro. E meu namorado chegou certa noite e disse que aceitara um trabalho em outro estado e partiria em poucas semanas.

Alguns meses depois, enquanto eu ainda nutria a ideia de participar da escola de discipulado, um amigo me convidou para acompanhá-lo a um bar onde ele jogava dardos às sextas-feiras à noite. Fui com ele apenas para ter algo a fazer. Eu nunca tinha jogado dardos antes e fiz uma tentativa. Naturalmente, eu não era boa nisso.

Havia ali um homem que jogava dardos toda sexta-feira e *era* muito bom nisso. Ele viajava para participar de competições em todo o estado e sempre vencia. Ele tinha também outro interesse: queria me conhecer melhor. Comecei a pensar que não era tão boa ideia eu partir para a escola. Eu imaginava se talvez não devia ficar e tentar um relacionamento com ele, pois me parecia muito legal e interessante.

Então, uma sexta-feira, uma amiga me convidou para formar uma dupla para um jogo contra esse homem. Essa era a quinta ou sexta vez que eu jogava. Lancei o primeiro dardo, e ele atingiu o olho do boi. E então cada dardo que eu lançava atingia o olho do boi.

Para mim, era apenas um jogo, mas para o rapaz dos dardos tratava-se de coisa séria! Esse homem, que eu pensara ser tão gentil, ficava mais irritado a cada dardo que eu atirava. Ele me acusou de ser uma jogadora de dardos profissional. Chamou-me até de trapaceira! Gritou tanto comigo a ponto de eu pegar a minha bolsa e sair, quase chorando.

A caminho de casa, pensei como eu havia julgado erroneamente seu caráter e como estava agradecida por ter visto como ele reagia, deixando claro para mim que essa não era uma pessoa com a qual eu gostaria de me envolver. Ocorreu-me que Deus interviera e fizera os dardos mudarem de direção para atingir o centro — algo impossível para mim. Não tive dúvidas de que Deus estava me direcionando para deixar a área e ir para a escola.

Isso aconteceu em 1992. Fui para a escola e passei a fazer parte de uma organização chamada Mercy Ships, que opera em barcos-hospitais e leva atendimento médico aos pobres em países em desenvolvimento. Agradeço sempre a Deus por ter insistido comigo e me afastado do meu modo tolo de ser.

"Por favor, pare a chuva"

ADELE DAVEY,
Parteira Aposentada

Meu marido estava construindo uma extensão para nossa casa e usava uma furadeira elétrica quando começou a chover. Ele olhou para o céu e implorou: "Eu preciso terminar este trabalho. Por favor, pare a chuva". Quando a chuva parou de repente, ficamos surpresos, mas não pensamos muito nisso até um pouco depois, quando meu marido terminou de usar a furadeira. Ele olhou de novo para o céu e disse: "Muito obrigado. Pode deixar chover outra vez", e imediatamente a chuva recomeçou. Olhei para ele e disse: "Ó, Meu Deus", e começamos a gargalhar.

Já se passaram 26 anos desde que isso aconteceu, e nós ainda falamos sobre o dia em que a chuva parou e recomeçou.

"Ela havia perdido os cinco filhos"

FRANCINE WILLIAMS,
Aposentada do Federal Reserve Bank

Em 1972, acordei uma manhã após um sonho assustador. No sonho, uma mulher estava sentada na calçada de costas para mim. Ela embalava e chorava. Perguntei a alguém que estava por perto o que acontecera com ela, e a pessoa me respondeu que ela havia perdido os cinco filhos — eles haviam sido assassinados. Por isso ela chorava muito.

Nessa manhã, as aulas foram canceladas por causa da nevasca que caíra durante a noite. Minhas filhas (tenho cinco) queriam sair e brincar na neve antes do café da manhã. Embora eu já lhes tivesse permitido fazer isso em muitas outras ocasiões, dessa vez, por alguma razão, fui intransigente em não deixá-las sair antes do café.

Enquanto elas comiam, fui até a porta da frente e fiquei olhando a neve, quando meu vizinho gritou para eu voltar para dentro. Ao perguntar-lhe por quê, o telhado caiu sobre a varanda. Instantaneamente, os pilares que sustentavam a varanda saltaram para a rua e a varanda foi arrancada violentamente da casa! Quando o serviço de emergência chegou, eles pensavam que houvera uma explosão de gás.

Se eu tivesse deixado as minhas filhas sair para brincar em vez de tomar o café, elas poderiam ter sido mortas. Eu acredito que o sonho foi um aviso de Deus de que algo iria acontecer e que eu precisava proteger minhas filhas. Sem dúvida, acredito!

"O QUE FOI AQUILO?"

Sentindo a Luz

"O medo começou a tomar conta do meu corpo"

MARK MONTGOMERY,
Comerciante Aposentado

21 de maio de 1968. Duas horas da madrugada. Da Nang, Vietnã.

Eu estava no interior do país havia 45 dias e não vira nenhuma ação. Fui designado como guarda de segurança em um complexo próximo ao Rio Da Nang, num ponto onde equipamentos, suprimentos e tropas eram carregados e descarregados. O Exército dos Estados Unidos também operava ali um barco de travessia para civis.

Eu estava a postos, com um colete à prova de balas, capacete, um M16 e sinalizadores noturnos, quando o rádio de campanha chamou. Era o posto de comando da linha de frente, alertando sobre foguetes disparados e ordenando escuridão total.

Eu estava a seis metros de altura, numa torre de sacos de areia, por isso me sentia seguro e com visão ampla. Sendo jovem, eu estava pronto para a ação e confiante em que poderia enfrentar a situação. Eu estava redondamente enganado.

O primeiro foguete caiu bem ao sul do meu posto de observação, com um baque surdo. Com os realinhamentos, os foguetes foram se aproximando de mim e se tornando mais estrondosos, associados aos clarões explosivos da pólvora.

Uma torre mais abaixo, a uns duzentos metros ao sul da minha, foi atingida diretamente e desapareceu nos ares com o soldado que a ocupava. O medo começou a tomar conta do meu corpo e eu não conseguia detê-lo. Um segundo foguete atingiu uma barcaça de desembarque ancorada no píer à minha direita, e o sentinela vietnamita que a defendia também desapareceu.

A essa altura, eu sentia duas partes de mim: o meu corpo gelado como granito e a minha alma apavorada presa dentro dele. Quando a urina desceu pela perna e entrou na bota, a minha alma bradou a Deus para que Ele me salvasse. No mesmo instante ouvi uma voz masculina, distante, à minha esquerda, dizendo suavemente: "Estou chegando, estou chegando".

Eu não conseguia entender por que ele demorava tanto para chegar até mim e ajudar-me em minha necessidade. E então senti seu espírito entrando pelo topo da minha cabeça, atravessando lentamente o meu corpo e saindo pelos pés. Então ouvi: "Eu sou ele; eu sou tudo o que sempre foi e sempre será". Então ele disse que me conhecera desde sempre, e expôs a minha vida diante de mim. Eu me vi com 2 anos de idade, depois com 5, e com 8, e sorri sentindo-me o menininho que eu olhava. Então ele pronunciou as palavras mais fortes que eu já ouvira: "Eu te amo". As lágrimas brotaram dos meus olhos. Nesse momento, lembro ter-lhe pedido que me levasse com ele. Eu tinha somente 22 anos, mas queria passar o resto da minha vida com ele. Não recebi resposta, mas o senti afastar-se lentamente na mesma direção de onde viera.

Olhando à minha volta, percebi que eu não fora a lugar nenhum, mas sabia que de algum modo havia sido levado da presença da minha mente para viver uma experiência com o Pai Santo que verdadeiramente me salvara.

"Foi a Mão de Deus"

STEVEN FOSS,
Militar da Reserva dos Estados Unidos/Agente da Lei

Julho de 2005. Tall'Afar, Iraque. Ações de Engenharia de Combate, 3º Regimento de Cavalaria Blindada.

Durante o que pensei ser um momento de sossego quando realizávamos um ataque a uma posição mantida pelo inimigo, fiquei exposto durante todo o percurso numa rua da cidade. Foi uma estupidez, eu sei. De repente, disparos irromperam de uma ruela a meia quadra de distância e, sim, eu continuei onde estava.

Eu estava concentrado avaliando a situação para a possível intervenção dos meus soldados, quando o canto do meu olho captou um clarão, e a pavimentação a uns oito metros à frente e à esquerda explodiu. Uma nuvem de poeira e escombros se espalhou pela rua e me envolveu. Ao perceber o clarão, encostei a cabeça no peito e fiquei ouvindo. Eu me senti sendo atingido por muitos pedaços de destroços. "Estou ferido!" O choque me empurrou para trás, mas quando a nuvem de gás e escombros se dissipou, dei-me conta de que continuava de pé, contundido e coberto de sujeira.

Gritei para meus soldados pedindo um relatório dos danos e comecei a massagear freneticamente as áreas doloridas do meu corpo. Olhei ao redor e vi os rapazes do pelotão de morteiros nas proximidades. Eles haviam visto tudo, inclusive a minha palhaçada depois da explosão. Quando perceberam que eu não tivera nenhum ferimento, começaram a abanar para mim — alguns apontando, outros rindo — enquanto gritavam: "Foi a mão de Deus, engenheiro! Foi a mão de Deus!"

No Iraque, um país onde a Bíblia revive diante dos olhos de cada um, só posso acreditar que o propósito de Deus para mim ainda não se realizou aqui. Trilharei esse caminho e assumirei o que ele puser diante mim para o bem maior daqueles que me conhecem e daqueles que não excluem a graça de Suas obras por meu intermédio.

"Deus me levou em seus braços pelos degraus que faltavam"

TAMMY BABCOCK,
Secretária do Programa Méritos Universitários

Eu estava com 12 anos de idade. Não pude ir para a escola naquele dia porque estava gripada. Meu quarto ficava no segundo andar da nossa casa. Ao me levantar pela manhã, resolvi descer para me deitar no sofá e assistir à TV. Eu estava no meio de uma escada de quatorze degraus quando fiquei tonta e tropecei.

O que percebi em seguida foi que eu estava em pé na base da escada. Eu não havia caído. Lembro que pensei: "Como foi que cheguei aqui?" A sensação era de que eu havia flutuado ou que tinha sido depositada suavemente.

Alguém — acho que foi Deus — me levou em seus braços pelos degraus que faltavam. Eu desmaiei e teria rolado pela escada e quebrado o pescoço.

Hoje estou com 48 anos, e lembro-me desse fato como se tivesse acontecido ontem.

"Eu soube que havia pouca chance de sobreviver"

THEODORE KARLSEN,
Sargento da Marinha Aposentado

Ano de 1947. Eu tinha 6 anos de idade. Meu pai era madeireiro no Oregon, e nós morávamos no meio de uma antiga floresta nas montanhas do Oregon, no final de uma longa estrada ladeada de madeira serrada. A nossa casa era uma cabana feita de troncos de árvores. Dois tambores de duzentos litros forneciam o calor. O tambor de cima era usado para cozinhar e assar. Queimávamos a lenha no tambor de baixo, e esse calor aquecia toda a cabana. Nós, cinco crianças, subíamos uma escada todas as noites e dormíamos num sótão. Não tínhamos encanamento interno. Mas tínhamos uma regra absoluta. Precisávamos sempre terminar as nossas tarefas antes do anoitecer, pois os pumas eram muitos na região.

Uma noite, quando voltávamos para casa bastante tarde, o carro derrapou na estrada e caiu num aterro íngreme. Estávamos a uns oitocentos metros de casa, mas perto o suficiente para continuar a pé. Então começamos a caminhar. Na metade do trajeto, meu pai lembrou que havia esquecido algo no carro e me disse para voltar sozinho e apanhá-lo.

Voltei, peguei o objeto e comecei a caminhar na direção de casa. A certa altura, ouvi um estalo de galhos à minha esquerda. No momento seguinte, ouvi o rosnado baixo, profundo, do que eu tinha certeza ser exatamente o que eu mais temia, um puma. O medo tomou conta de mim como água sendo vertida num copo, e eu soube que havia pouca possibilidade de sobreviver. Eu era um menino de 6 anos morto, e sabia disso.

Então aconteceu. Eu me senti envolvido por uma manta quente de luz, embora não uma luz como a entendemos. Ela me fazia sentir salvo e seguro, invulnerável a qualquer ataque. Eu podia sentir uma espécie de presença. Eu só sabia que havia alguma coisa me protegendo e que nada poderia me machucar. Todo o medo desapareceu do meu corpo.

Naquela época, não compreendi o que me salvou, mas hoje estou convencido de que foi o próprio anjo de Deus.

"O que foi aquilo?"

CHERYL CRAMER,
Representante Comercial

Eu tinha 19 anos quando, entrando em férias, viajei da Pensilvânia para São Petersburgo, na Flórida, para visitar minha irmã e seu marido. Um dia, minha irmã sugeriu que eu fosse dar uma volta de bicicleta com meu cunhado, com a bicicleta dela. Até então eu só havia andado na minha bicicleta. A da minha irmã era muito mais alta, por isso meus pés não alcançavam o chão. Imaginei que isso não tinha importância, pois pedalaríamos a maior parte do tempo. Então iniciamos o passeio.

Depois de uns oitocentos metros, chegamos a um semáforo. Eu acionei o freio e coloquei os pés no chão, esquecendo que não chegariam lá. Com os pés soltos no ar, comecei a cair. De repente, senti duas mãos, uma apoiando a minha cabeça e a outra sustentando meu quadril, diminuindo a velocidade da queda como se fosse em câmera lenta. Quando cheguei no chão, a mão que estava na minha cabeça se deslocou para proteger o rosto e a outra continuou no quadril, e com a mesma suavidade me soltou no chão. Nesse momento, meu cunhado disse: "O que foi isso?" Olhei para ele, que estava com os olhos fixos em mim. As mãos desapareceram. Eu me levantei, sacudi a poeira, e voltei para a bicicleta.

Acredito que Deus é todo-poderoso e todo-amoroso. Eu sei que aquelas eram as mãos de Deus ou de um anjo. A exclamação do meu cunhado, depois de me ver caindo em câmera lenta, confirmou que eu não imaginava o que havia acontecido.

"Não chore, ele está comigo"

PATRICIA LAMBERT,
Enfermeira Aposentada

Na década de 1980, quando eu praticava enfermagem no National Institute of Health em Bethesda, Maryland, e também pensava na possibilidade de me ligar à Igreja LDS, eu estava à cabeceira de um paciente agonizante. Eu cuidara dele durante vários meses. Depois que ele foi declarado como morto, eu fui ao banheiro para chorar, longe das vistas dos meus colegas e dos outros pacientes.

Enquanto lamentava, senti uma mão no meu ombro e uma voz me disse: "Não chore, ele está comigo". O toque era muito suave, e eu sabia que havia uma presença comigo. Senti um calor abrasador, e uma sensação de paz desceu sobre mim. Eu tive um choque.

Ao sair do banheiro, senti como se estivesse flutuando. Uma paciente se aproximou de mim e disse: "Você deve ter passado por uma experiência espiritual. Há um halo ao redor do seu corpo". Então eu soube que o Senhor me confortara. O fato de outra paciente ver era a confirmação do que acontecera.

Fui batizada na Igreja LDS depois desse fato, porque eu soube sem dúvida que os ensinamentos eram verdadeiros.

"Eu fui realmente resgatado"

JOHAN GOUWS,
Engenheiro/Investidor

Corria o ano de 1982 e eu estudava engenharia em Johanesburgo, África do Sul, quando meu carro foi roubado. Um dia, um amigo, muito generoso, emprestou-me sua motocicleta para eu ir ao *campus*. Minhas aulas terminavam às cinco da tarde, o que me obrigava a voltar para casa no horário de pico do trânsito. Para sair do *campus* era preciso atravessar uma estrada muito movimentada. Demorou um pouco, mas finalmente abriu-se um espaço e eu resolvi entrar. Mas ao arrancar, o motor enguiçou. Eu pulei da moto para empurrá-la, mas escorreguei e caí.

Quando olhei, vi um ônibus enorme se aproximando rapidamente. A última coisa que passou por minha mente foi que o ônibus passaria em cima de mim. Nesse momento, senti como se alguém me pegasse fisicamente pelo colarinho e, com a moto, me pusesse a salvo no outro lado da estrada — embora com um ombro deslocado.

Meu ombro dolorido me lembra esse episódio todos os dias. A experiência confirmou minha crença em Deus. Eu fui realmente resgatado. Acredito que Deus enviou um anjo para me pegar!

"Você é real de verdade"

JOHN BAXTER,
Diretor Executivo, Empresa de Consultoria

Fui confirmado na Igreja Episcopal local em 1958, aos 14 anos de idade. Quando chegamos em casa naquele dia, meu pai disse algo como: "Bem, parabéns. Agora que está confirmado, você tem uma escolha. Você pode ir à igreja todos os domingos ou pode velejar comigo no Lago Michigan". Não é preciso dizer, escolhi velejar, e nunca participei de nenhum culto religioso até 1989.

Em 2004, eu precisava enfrentar uma cirurgia delicada do coração, com apenas 5% de chance de sobrevivência. Nunca fui religioso, mas senti que dessa vez eu precisava rezar. Um mentor me dissera: "Apenas peça, é tudo o que você precisa fazer". Eu me senti muito constrangido em "apenas pedir" e disse a ele que não conhecia a forma adequada a ser usada para rezar. Ele apenas sorriu e repetiu: "Apenas peça".

Eu estava sentado na beira da cama do hospital na véspera da cirurgia, e respirei profundamente. Então, *apenas pedi* a Deus um pouco de ajuda para passar pela cirurgia. De repente, um peso enorme pareceu ser tirado dos meus ombros. Fiquei muito mais leve. Eu me senti relaxado e aliviado, e lembro que olhei para o teto e disse: "Puxa! É isso. Entendo. Você é real de verdade!"

Em me senti maravilhosamente confortado e compreendi que Deus me ouvira e me fazia saber que ele estaria comigo, apesar de eu não ter estado com ele durante anos. Ele não disse nada; não tive visões — apenas aquele peso de duzentos quilos tirado dos meus ombros.

Não conto essa história com frequência, mas quando o faço, meus olhos se enchem de lágrimas. Desde aquele momento, aprecio a dádiva da minha vida todos os dias, e a minha fé na existência de Deus permanecerá comigo para sempre.

"Eu havia tentado me matar"

SHEILA HOWES,
Flebotomista

Eu tive uma infância bastante normal, com pais amorosos. Aos 18 anos, casei e tive dois filhos. Então meu marido me deixou, e todo o meu mundo se transformou num inferno. Comecei a beber e só parei depois de vinte anos.

Acabei tendo um colapso nervoso e fiquei hospitalizada durante quase um ano. Certo dia, acordei com um pensamento — "Talvez seja a bebida que esteja me causando tantos problemas!" Foi apenas uma ideia que me ocorreu; eu não havia pensado nisso durante vinte anos. Liguei para os Alcoólicos Anônimos e participei do meu primeiro encontro.

Mas depois de duas semanas, eu estava achando muito difícil não beber. Eu havia tentado me matar antes e tudo o que podia pensar — de novo — era em me suicidar.

Acordei uma manhã e me sentei no lado da cama. Sentia-me totalmente exaurida, como uma casca vazia. Lembro-me de ter dito: "Não posso mais fazer isso. Não posso continuar". Eu sabia que estava acabada. No instante seguinte, foi como se alguém me sacudisse como um lençol amassado. Entrei num estado de relaxamento total, com uma enorme sensação de puro amor e bondade passando por todo o meu corpo. Em seguida ouvi uma voz clara e determinada dizer: "Reze pedindo fé e confiança".

Naquele momento eu soube sem nenhuma dúvida que havia um poder amoroso cuidando de mim.

Toda a minha visão da vida mudou desde essa experiência, porque sei que recebi uma nova vida. Nove anos já se passaram, e nesse período não senti nenhuma necessidade de beber.

"Tomei consciência de uma sensação de energia"

FRED MANWARING,
Condutor de Trem

Tive certa noite um sonho muito vívido. Acordei cheio de aflição porque no sonho minha mãe morria num acidente de carro. Nunca antes eu tivera um sonho tão forte, intenso e realista. Guardei a experiência para mim, mas fiquei imaginando se não seria uma premonição. Três anos depois, mamãe morreu em consequência de um acidente de carro.

No dia anterior ao funeral, eu me sentia pesado e entorpecido. Solicitei um momento a sós com mamãe na capela mortuária. Apresentei-me para esse encontro com angústia e profundo sofrimento emocional, mas era impelido pela necessidade de dar um adeus final.

Quando chegamos à capela, fui até a frente enquanto minha esposa permaneceu na entrada. Eu estava tomado pelo desespero e pela tristeza. Depois de alguns passos, tomei consciência de uma sensação de energia no mais profundo do meu corpo. Parei de caminhar e respirei hesitante, mas profundamente. Quando fiz isso, uma onda de calor começou nos meus pés e subiu simultaneamente pelas duas pernas até a parte superior do corpo, saindo pela cabeça. Senti-me sendo envolvido por muita afeição e bem-estar, uma sensação que também posso descrever como de um grande amor.

Não tive visões, nem ouvi vozes, mas tomei consciência de saber que mamãe estava bem. Todos os sentimentos de tristeza, sofrimento e dor se dissiparam. Minhas emoções passaram de uma tristeza avassaladora ao conhecimento de que a existência de mamãe não havia terminado, de que ela não estava sofrendo e de que estava conosco. Voltei para minha esposa e disse: "Está tudo bem. Mamãe está ótima".

Não tive mais medo do dia seguinte, o dia do enterro. Lembro que pensei que era um dia bonito. Eu sorria interiormente, aliviado, mas assim mesmo consciente da minha perda e de como minha vida mudara para sempre.

A partir dessa experiência, não temo mais a minha própria morte, e aceito os conceitos de alma, céu e Deus como verdadeiros — uma crença muito titubeante até então. Não me converti para nenhuma religião. Ainda vivo como sempre vivi, mas me esforço para ser mais condescendente com a vida e com a família. Procuro ser mais tolerante e viver mais verdadeiramente — fazendo o que é certo sem esperar recompensa, simplesmente porque é o certo.

Já se passaram quinze anos desde a morte de mamãe, e ainda não falei abertamente sobre a minha experiência. Acredito que naquele dia fui abençoado com o conhecimento de Deus e de uma forma de vida após a vida, e de como cada um de nós tem uma alma que permanece ligada para sempre com as pessoas que amamos.

"Um choque violento atravessou o meu corpo"

DR. JON SAINKEN,
Psiquiatra/Investidor

Eu estava com 12 anos e estudava para o meu bar mitzvah. Estava lendo a Bíblia e fiquei absorto em conceitos religiosos. Eu vivia um período de questionamentos. Eu questionava a existência de Deus.

Certa noite, tive um sonho muito forte em que me encontrei com Deus e o desafiei a me dar um sinal para provar sua existência. Quase imediatamente houve um bramido tremendo e um clarão de luz, e a mão todo-poderosa de Deus me alcançou. Achei que ela poderia me ferir ou matar, mas apenas a ponta do seu dedo indicador me tocou suavemente na têmpora esquerda.

Um choque elétrico violento atravessou o meu corpo e eu acordei estremecido. Eu estava assustado demais para olhar no espelho, embora minha têmpora estivesse zumbindo.

Na manhã seguinte, havia uma cicatriz saliente, irregular, na minha têmpora esquerda, em nada semelhante a um ferimento habitual. Não havia sangue nem inflamação, apenas uma cicatriz que parecia ter estado sempre ali. Ela permanece até hoje.

Essa experiência me ensinou a dar o justo valor ao que compreendemos e a respeitar o que não conhecemos.

"Eu soube que não estava sozinha"

HELEN WOOD,
Balconista Aposentada

Era o ano de 1998. Eu estava em casa com meu marido, quando ele disse que não estava se sentindo bem e foi se deitar. De repente, ouvi um meio-gemido, um meio-grito vindo do quarto, e eu soube que havia algo muito errado. Quando cheguei no quarto, seus olhos estavam revirados, a língua estava branca e pegajosa, e ele havia urinado. Ele estava morto.

Fiquei apavorada e liguei para o número da emergência. Com a ajuda deles, pude realizar a respiração boca a boca. Ao fazê-lo, percebi que o meu braço direito estava diferente do esquerdo, e eu soube que não estava sozinha. Era como se alguém estivesse operando meu braço direito por mim.

Meu marido voltou, e tornou a morrer. Eu continuei a respiração e o trouxe de volta uma segunda vez. Os paramédicos chegaram, coloram-no na ambulância e o perderam duas vezes a caminho do hospital. Mas ele acabou sobrevivendo.

Ninguém jamais me convencerá de que não fui ajudada por um Poder Superior para salvar sua vida.

"Foi como se uma mão me virasse para a direção oposta"

ANITA CARCONE,
Professora de Escola Maternal

Sou uma nadadora e corredora competitiva e alterno natação e corrida todos os dias. Uma manhã, saí para correr no meu percurso habitual perto de casa. O pessoal esteve trabalhando na rua no último mês, transformando duas pistas de tráfego em uma única.

Eu estava terminando uma corrida de trinta minutos e me aproximava de casa. Estava com os fones de ouvido e entrando no ritmo da música, quando de repente foi como se uma mão me agarrasse, parasse e me virasse para a direção oposta. Fiquei de frente com a lateral de um caminhão em movimento. Se eu não tivesse sido virada naquele exato momento, o caminhão teria me atingido frontalmente.

Fiquei tão abalada que meu coração disparou e precisei de vários minutos para recuperar o fôlego depois do incidente.

Se aquela força inexplicável, aquela mão invisível, não tivesse me virado, eu teria batido naquele caminhão e provavelmente teria morrido. Isso me confirmou que tenho um espírito especial, um anjo, ou alguém que realmente zela por mim e cuida de mim. Pessoalmente, sinto que estou aqui para ajudar os desamparados, seja uma pessoa ou um animal. O fato me confirmou que estou aqui por uma razão.

"Senti muita paz"

TERRY JOHNSON,
Gerente de Vendas Aposentado

Era domingo, e a única razão de eu ir para a igreja era o fato de meu filho ser coroinha. Era a primeira missa da manhã, e apenas pessoas mais velhas e nós estávamos presentes, tudo muito maçante.

Eu vivia uma fase na minha vida em que eu absolutamente odiava algumas pessoas. Eu sabia que o ódio é um sentimento errado e autodestrutivo e que estava me machucando. Então, para livrar-me dele, cada vez que essas pessoas vinham à minha mente, eu dizia a mim mesmo que as amava.

No final da missa houve a bênção da garganta. Eu tivera a tireoide removida, então pensei: "Bem, vou até lá para receber a bênção da garganta". Enquanto caminhava até a frente, senti-me estranho e embaraçado. Fiquei imaginando para onde eu poderia olhar para evitar os olhos do sacerdote.

Minha vez chegou, e assim que o padre começou a benzer a minha garganta, subitamente senti muita paz. Fiquei envolvido em algo. Não conseguia ver, mas minha cabeça, ombros e pescoço sentiam algo que posso apenas descrever como amor. Senti como se fosse a presença de Deus.

À medida que me afastava, eu olhava ao redor e tudo parecia normal. Ninguém percebera o que havia acontecido comigo.

Quando peguei meu filho e contei a ele o que tinha acontecido, ele me disse que vivenciara a mesma coisa.

Contei o que me aconteceu naquele dia apenas para minha esposa e meu filho, e não consegui falar sobre a experiência durante cinco anos. Até hoje, só falo sobre ela quando alguém está se perguntando se Deus existe.

Relembro o exercício que eu fazia naquela época para vencer a aversão extrema que eu sentia por algumas pessoas, e hoje imagino que talvez Deus estivesse me dizendo que eu estava fazendo a coisa certa ao transformar meu ódio em amor.

"Quero uma prova de que Jesus é real"

MARIE KUTZLI,
Gerente Financeira

Eu buscava um Deus verdadeiro, e estava lendo um livro sobre fé, deitada ao sol. Terminei o livro e observei que a contracapa dizia que se queremos uma relação com o Deus único e verdadeiro, devemos fazer a oração proposta. Pensei sobre ela e então disse: "Está bem, Senhor, vou fazer essa oração, mas quero que aconteça alguma coisa. Quero uma prova de que Jesus é real". Então fiz a oração.

De repente, do alto da cabeça até a ponta dos pés, senti-me sendo lentamente banhada como por um leite de cal, e comecei a falar numa língua desconhecida. Eu não fazia ideia do que era isso!

Naquela noite procurei uma igreja nas Páginas Amarelas. Encontrei uma igreja cristã do Evangelho Pleno e fui. Quando entrei, todos os presentes estavam falando essa língua. Sentei-me no fundo, sentindo-me um pouco esquisita, e fiquei ouvindo.

O pastor disse que estava com o sermão preparado, mas que Deus tinha um plano diferente para aquela noite, uma palavra para alguém. Ele então disse: "Você, aí no fundo, de vestido púrpura". Pensei, "Não subo lá de maneira nenhuma!" Então ele mandou sua esposa me buscar. Relutante, fui com ela até a frente. Então ele disse: "Deus quer que você saiba que hoje o seu nome foi inscrito no Livro da Vida do Cordeiro". Eu não sabia na época o que era o Livro da Vida, mas agora sei, e aquele foi o primeiro dia de minha vida. Naquele dia minha alma foi revificada.

Na época em que isso aconteceu, eu participava de programas de *striptease* para viver. Eu gostava de fazer isso, e ganhava muito dinheiro. Mas depois dessa experiência, Deus entrou em minha vida e falou ao meu coração. Era como se ele me dissesse: "Marie, esse trabalho não é para você". Minha resposta foi: "Você está certo!"

"EU VI UMA ENORME E PODEROSA MÃO"

Ver é Crer

“Também Isto passará”

LAURA GILMAN,
Coordenadora de Eventos Especiais

Antes de morrer, meu pai frequentemente me consolava com estas palavras: “Também isto passará”. Era uma expressão muito usada em nossa casa e sempre exerceu um efeito calmante sobre mim.

Era o ano de 2001. Eu tinha acabado de deixar meu emprego na Morgan Stanley quando fui a uma festa, conheci e me apaixonei por outro empregado da Morgan Stanley — um homem chamado Lindsay Herkness. Foi um início feliz. Éramos loucos um pelo outro.

No dia 11 de setembro celebrávamos o período de seis semanas de nosso relacionamento. Era aniversário de minha irmã, e Lindsay e eu planejávamos juntar-nos à família naquela noite para um jantar especial.

Às nove horas da manhã, eu estava no meu escritório, na West Fifty-seventh Street, lendo um artigo no *New York Times* sobre um ex-colega da Morgan Stanley que estava processando a empresa por discriminação sexual. O telefone tocou logo depois das nove. Era Lindsay.

Lembro que eu estava comendo cereal numa xícara de plástico. Olhei para o cartão comercial dele, apoiado no meu Rolodex, exposto como uma fotografia. Estava escrito: LINDSAY HERKNESS, MORGAN STANLEY, WORLD TRADE TOWER TWO.

"Você ouviu?", ele perguntou. "Sim, estou lendo sobre isso", eu disse, pensando no artigo. "Você não pode estar lendo — um avião acabou de atingir o prédio. Eu estou bem. Preciso ir."

Não lembro o que eu disse para ele fazer. Lembro-me de ter ligado de volta e logo desligado porque não queria que ele voltasse ao telefone.

Assim que soltei o telefone, estava claro para todos que a cidade estava sob ataque. Nossos celulares não funcionavam. Ficamos sabendo que Washington, D.C., também estava sendo atacada. Eu estava trabalhando no distrito comercial e sabia que não era seguro ficar ali.

Saí do trabalho e fui para casa, passando pelo Central Park. Quando cheguei em casa, senti Lindsay deixar este mundo e eu soube que ele estava morto. A tristeza apossou-se de mim. Só descobri que as torres haviam caído no fim da tarde. Eu não precisava de mais nenhuma informação. Eu sabia que ele se fora e não podia nem sequer imaginar quem mais da minha vida fora com ele.

Chorei durante dois dias, sozinha e com toda a cidade. Ele era meu escolhido? Eu estava certa que sim. Meu amor e meus sonhos eram impossíveis agora, estavam mortos. Eu estava inconsolável, até que um simples sinal mudou tudo.

Eu estava indo para a igreja e passei por um luminoso com uma placa fixada nele. A maioria das placas trazia fotos de pessoas desaparecidas. Essa era diferente. Havia apenas três palavras escritas nela: TAMBÉM ISTO PASSARÁ.

Em questão de segundos as lágrimas cessaram, e eu soube que o meu sofrimento também passaria. Naquele mesmo momento eu soube que Deus estava me protegendo e ajudando com palavras que tinham um significado poderoso para mim. Eu me senti orientada, protegida e amada.

"O bosque clareou como se fosse o alvorecer"

LAUREL THOMPSON,
Mãe

Minha experiência aconteceu antes dos funerais de uma das minhas melhores amigas. Sue estava com 24 anos e trabalhava como piloto quando morreu num acidente aéreo pouco antes do Dia de Ação de Graças.

Eu viajara de avião para o enterro e estava hospedada com os pais de Sue, junto com outras amigas. Eram provavelmente três horas da madrugada. Eu não podia sequer pensar em dormir, e fui ao quarto dos fundos conversar com Chris (o marido de Sue, casados há menos de três meses) e Karen (amiga de infância de Sue).

Quando entrei no quarto, estava tão escuro que eu não conseguia ver nada no lado de fora, nem mesmo o bosque de bétulas que eu sabia que havia ali. Estávamos conversando havia bastante tempo, quando Chris disse: "Se pelo menos houvesse algum modo de saber que Sue está bem e que não sofreu". Em instantes, o bosque clareou como se fosse o alvorecer. Eu vi claramente as bétulas atrás da casa. Isso durou alguns segundos, e então tudo voltou a escurecer — como se alguém tivesse apagado a luz.

Ficamos sentados lá, abalados, por um tempo que pareceu horas, até que Chris disse: "Nossa, vocês viram aquilo?" Karen e eu movimentamos a cabeça afirmativamente e continuamos sentadas em silêncio.

De manhã, procuramos nos jornais para descobrir se havia acontecido alguma coisa incomum com relação ao tempo durante a noite. Nada acontecera.

"Tive uma visão de alguém olhando para mim do alto"

MINTER KROTZER,
Escritora

Próximo ao centro de Manhattan, na Lexington Avenue com a Fifty-fourth Street, há uma pequena capela branca. Ela está aninhada dentro da igreja luterana de São Pedro e na base do Edifício Citicorp, um dos mais altos da cidade.

Há uns dez anos, quando trabalhava nessas redondezas, eu sempre ia a essa capela: na hora do almoço, nos intervalos para o café e depois do trabalho. Inicialmente eu ia porque precisava de uma parada na minha vida: eu tinha um emprego muito estressante como secretária numa das maiores firmas de advocacia da cidade, o meu namorado era alcoólatra e eu sofria de depressão e ansiedade. Eu tinha necessidade de ficar lá, sentir o silêncio e aquietar-me. Isso me acalmava como nenhuma outra coisa.

A capela é totalmente branca, inclusive o pavimento, e recebeu o nome da artista Louise Nevelson, que fez o projeto do interior. Ela distribuiu as esculturas ao longo das paredes e fixou o crucifixo acima do altar. São estruturas simples, feitas de madeira, abstratas e não figurativas. Muitas vezes eu me sentava num banco e ficava olhando para elas, observando as sombras das pessoas que passavam através da janela de vidro esfumaçado. Então eu fechava os olhos e sentia o silêncio, com apenas os ruídos distantes da cidade como fundo. Eu ficava sentada por um longo tempo, às vezes durante todo o período do almoço.

Então um dia, estando lá sentada, me dei conta de que estava rezando. Procurei imediatamente convencer-me de que não estava. "Não estou rezando. Estou pensando", eu repetia para mim mesma. Eu não tinha intenção de ser alguém que rezava — não uma *daquelas* pessoas.

Depois dessa experiência, parei de ir à capela por algum tempo. Eu não queria me ver rezando outra vez, mas então, num dia particularmente ruim no trabalho, eu voltei. Eu me deixei mergulhar no silêncio, ser envolvida por ele. Não me importava o que poderia acontecer: eu precisava de paz. E então, lá sentada, tive uma visão de alguém olhando para mim do alto, de fora da capela e além, de outra esfera. Eu estava sendo observada, mas não podia ver o observador, e eu testemunhava isso como se estivesse fora do meu corpo físico. Havia uma sensação de interesse e propriedade com relação ao observador, e eu senti grandiosidade. Compreendi que estava sendo observada por Deus.

No ano seguinte, comecei a frequentar a igreja novamente e a acreditar em Deus de um modo como nunca acreditara antes. Comecei a rezar regularmente e sem sentir vergonha. Com o passar dos anos, a minha vida mudou.

Vejo hoje que cheguei a Deus por meio do silêncio. Comecei a ansiar pelo silêncio — não por Deus — mas foi no silêncio que encontrei Deus.

“Eu vi uma enorme e poderosa mão”

GREGORY WORTHLEY,
Representante Comercial
no Setor de Telecomunicações

Eu não cresci numa família religiosa. Sempre acreditei em Deus, mas nunca senti sua presença em minha vida. Nunca senti que Deus estava “lá”.

Em 2000, eu me divorciei. Depois disso, fiquei muito só e me tornei alcoólatra. Eu me debatia financeiramente e estava à beira da falência. Basicamente, eu estava me precipitando para o fundo do poço. Toda a minha vida se encontrava numa espiral descendente.

Certo dia, ocorreu-me que eu precisava fazer alguma coisa, e então decidi ir a uma igreja local. Nesse mesmo dia fui à igreja e rezei para que Deus entrasse em minha vida.

Na tarde do mesmo dia, voltei à minha rotina normal dos domingos — assistir ao futebol e relaxar, mas à noite a minha vida mudou.

Eu estava dormindo, deitado com o rosto para baixo, quando fui despertado por uma voz forte e profunda que chamava o meu nome. Senti como se estivesse num estado entre dormindo e acordado. Pensei: “Ouvi alguém dizer o meu nome, mas só eu e os meus dois cachorros estamos no quarto”. Tentei me virar, mas nisso senti um vento, potente como um furacão, soprar com tanta força nas minhas costas que não consegui me mexer. Senti a minha pele vibrar, literalmente.

Olhei para trás, e pelo canto do olho vi uma enorme e poderosa mão saindo das nuvens com raios e trovões e estendendo-se na minha direção. E então a voz disse: "Você pediu que eu entrasse em sua vida". Naquele momento compreendi que alguma coisa muito doida estava acontecendo e que Deus estava no meu quarto falando comigo. Eu respondi: "Como vou saber que você está aí?" e a voz respondeu: "Venere-me e você saberá". E então tudo cessou.

Fiquei mais alerta e consciente e me senti suando frio. Sentei na cama, terrivelmente assustado com o que acabara de acontecer.

Quando tornei a me deitar, resolvi ficar com o rosto para cima, porque queria ver Deus se ele voltasse. Eu ainda estava assustado. Mas, uma vez deitado, comecei a pensar no que acontecera. Ao me predispor para pegar no sono, uma sensação incrível de formigamento e de muita paz percorreu todo o meu corpo.

No dia seguinte, acordei outra pessoa. Estou me recuperando financeiramente, amadureci substancialmente como cristão, venci o vício do álcool (embora ainda lute com ele o tempo todo). Sinto-me realmente abençoado e nunca esquecerei essa experiência. Apesar de muito simples, a mensagem de Deus foi profunda e verdadeira.

"Minha esposa me ameaçou com o divórcio se eu continuasse"

ROBERTO ABRAHAMS,
Artista

Aos 45 anos de idade comecei a questionar. Comecei a me perguntar se havia algum sentido para a minha vida. Eu sempre acreditei na existência de Deus, mas não sabia por que acreditava e também não sabia o que devia fazer com esse conhecimento.

Comecei uma busca longa, acadêmica, que acabou me levando ao sufismo, núcleo espiritual do Islamismo. Decidi que me tornaria muçulmano.

Tomei essa decisão durante a Primeira Guerra do Golfo e, como você pode imaginar, meus planos provocaram uma forte reação de minha família cristã. Minha esposa me ameaçou com o divórcio se eu continuasse. Fiquei transtornado, não querendo que minha jornada espiritual terminasse num divórcio.

Enquanto vivia esse drama, acordei certa noite e vi uma figura aos pés da minha cama. Fiquei assustado, pensando que era um intruso. A figura vestia uma túnica verde-escura e usava um turbante. Eu recebi uma comunicação não verbal — continuar procurando, que tudo ficaria claro. E então desapareceu.

Acordei de manhã sentindo-me muito diferente, e desde então minha vida não foi mais a mesma. Minha esposa se queixa que não sou mais o homem com quem ela se casou (o que tomo como cumprimento). Por fim, tornei-me seguidor do Bahaísmo, uma crença que deriva do islamismo do mesmo modo como o cristianismo procede do judaísmo. Entendemos que a religião é progressiva e que todos os profetas trazem ao mundo os mesmos conceitos espirituais. Não vemos conflito entre as religiões. O objetivo é resolver problemas do mundo pelos meios espirituais.

Hoje estou com 66 anos e continuo muito ativo como artista, além de estar envolvido em serviços comunitários. Aquela experiência me confirmou a existência de Deus e me conduziu ao estado atual, em que ainda tenho uma esposa — e minha espiritualidade.

"Comecei a adormecer ao volante"

BEVERLY STOCKI,
Especialista em Higiene Bucal

Eu tinha 23 anos quando me encontrei com o Divino. Meu marido e eu morávamos em Erie, Pensilvânia, e estávamos começando uma viagem de dez a doze horas à cidade de Nova York para um casamento.

Eu disse ao meu marido que eu dirigiria, porque ele havia trabalhado o dia todo. Eu já dirigia havia seis horas e ainda estava na rodovia expressa quando, perto da sete horas da manhã, comecei a adormecer ao volante. Lembro que meu corpo estava perfeitamente confortável no assento do carro quando encostei a cabeça no vidro.

Não tenho ideia do que me acordou. Mas quando abri os olhos, Deus estava ajoelhado na capota do carro, bem na minha frente, com as mãos em oração sobre o peito. Ele era uma pessoa vigorosa, e o vento não movimentava seus cabelos ou o manto que usava. A cabeça estava inclinada, mas os olhos fitavam diretamente os meus.

Saí imediatamente da pista para o acostamento, e ele desapareceu. Meu marido acordou e perguntou: "Alguma coisa errada?" Eu me afundei no assento, ainda olhando pela janela, e disse: "Você dirige. Eu acabo de ver Deus!"

Acredite, não sou uma fanática religiosa. Não tenho visões. Mas isso aconteceu comigo. Foi em 1967, e até hoje me sinto muito abençoada por ter tido a oportunidade de vê-lo em pessoa.

"Eu não poderia levar meu filho comigo"

MICHELE CERAMI,
Consultora de Investimentos

Corria o ano de 1989. Eu estava havia dois anos com depressão pós-parto depois do nascimento do meu único filho. Estava me empenhando ao máximo, fazendo yoga, meditação e caminhadas na natureza, além de ler todo livro de conteúdo espiritual que me chegasse às mãos. Estava determinada a melhorar sem tomar medicamentos.

Alguns dias eram melhores que outros. Meu namorado e eu havíamos terminado e eu dera dois passos atrás no meu processo de cura e me sentia extremamente deprimida. Meu filho de 2 anos estava cochilando e eu decidi tomar um banho, algo que eu gostava de fazer quando me sentia mal.

Estava sentada na frente da banheira, olhando para nada e repetindo para mim mesma que eu não queria viver se a vida fosse isso. Era muito difícil. Não que eu quisesse dar um fim à minha vida — eu simplesmente não podia continuar me sentindo como me sentia. Eu sentia como se quisesse morrer e ao mesmo tempo não quisesse.

De repente, à esquerda em minha visão periférica, apareceu uma cena como se um portal tivesse aberto e eu pudesse ver esse "lugar". Eu não precisava virar a cabeça — eu podia ver claramente, apesar de estar na minha lateral. Vi um regato com cerca de três metros de largura e um metro de profundidade. Eu podia ver tudo como se estivesse na margem direita do regato. No outro lado havia apenas luz branca, e eu pensei nele como a "terra de luz". Não havia nenhuma voz, mas a mensagem que me foi transmitida dizia para "cruzar o regato até o outro lado, onde está a luz e onde não haverá mais sofrimento". Eu teria paz. Senti como se fosse um convite amoroso. Continuei no lado em que estava, pensando como o convite era tentador — não sofrer mais.

Olhei ao redor do ponto onde estava, e embora estivesse sozinha num cenário campestre, podia ver o resto do mundo e a humanidade a distância, como se eu estivesse separada deles. Pensei que se eu atravessasse o regato e fosse para a "terra de luz", eu não teria mais todos os sentimentos como tinha na terra — em outras palavras, eu não sentiria a minha humanidade. Eu estava indecisa quanto a atravessar ou não, pois a minha humanidade nesse momento era muito sofrida, e todavia eu não estava segura se desejava desistir do sofrimento! Então, nesse instante, percebi que não poderia levar meu filho comigo.

No momento em que esse pensamento passou pela minha cabeça, eu soube que não atravessaria o regato, e toda a visão se dissipou.

Eu sempre questionei a existência de um "Deus" — sem descanso, na verdade. Já tive inúmeras experiências até hoje. Eu acredito em Deus, porém? A única coisa que sei com certeza a partir de todas as minhas experiências é que elas são cheias de amor, de paz e da unidade de todas as coisas que é diferente de tudo o que sinto em meu estado de consciência normal.

"Milagres acontecem"

JACQUELINE HOLMES,
Praticante de Medicina Natural

Em 1996, recebi o diagnóstico da presença de um enorme tumor no cérebro, que um neurocirurgião descreveu como sendo um "monstro". Ele era do tamanho de uma laranja. No início, os médicos achavam que não conseguiriam extirpá-lo e me disseram que se isso acontecesse eu teria três meses de vida. Eles acabaram decidindo que tentariam chegar até ele pela orelha.

Desde o dia em que os médicos me deram o diagnóstico até o dia da cirurgia, fiquei totalmente absorta na cura. Coloquei toda a minha confiança em Deus, que o tumor sairia facilmente e que não haveria efeitos colaterais como paralisia, cegueira ou morte (para citar apenas alguns). Escrevi e repeti afirmações para Deus o dia inteiro, todos os dias, dia e noite. Enchi meu quarto com figuras e afirmações. Comprei um adesivo que dizia MILAGRES ACONTECEM e o fixei na parede da cabeceira da cama com percevejos azuis.

Uma semana depois de fixar o MILAGRES ACONTECEM na parede, eu me preparava para dormir quando notei que ele caíra no meu travesseiro, virado para cima. Não pensei nada, e o recoloquei no lugar onde o prendera. Na noite seguinte, fui para a cama, e lá estava ele de novo sobre o travesseiro, virado para cima. Pensei que não o prendera bem, então o repus no mesmo lugar, bem colocado e firme. Na noite seguinte, novamente; fui para a cama e, sim, lá estava ele — MILAGRES ACONTECEM estava sobre o meu travesseiro. Dessa vez andei pela casa e perguntei a meu marido, filhos, pais e amigos: "Quem esteve no meu quarto e mexeu no meu adesivo?" Todos responderam que não foram eles. Voltei para o quarto e olhei no travesseiro e, de repente, descobri. Deus o pusera lá! Caí em prantos e agradeci a Deus e aos meus anjos. "Sim", eu disse, "milagres acontecem, e é isso que vai acontecer comigo." Eu entendi! Coloquei o adesivo de volta na parede e ele nunca mais caiu.

Quando fui para o hospital, eu o levei comigo e o prendi na cama do hospital. A operação prolongou-se por dezessete horas, e no fim os médicos não conseguiram retirar todo o tumor.

Só depois de uma semana na UTI foi que notei que o adesivo não estava mais na minha cama. Eu sorri e me senti plena de amor quando entendi que não precisava mais dele. O milagre tinha acontecido.

Cinco anos mais tarde, a porção do tumor que os médicos não conseguiram retirar na primeira vez voltou a crescer. Devido à sua localização, era impossível operar. Passei por um procedimento chamado radiocirurgia estereotáctica, uma espécie de radiação. Isso foi há seis anos. Hoje sinto que Deus me curou.

Creio que essas coisas acontecem para nos ensinar algo sobre nós mesmos. Eu não entendi a mensagem na primeira vez, por isso ele precisou me tocar uma segunda vez. Eu não sou a mesma pessoa que era dez anos atrás. Meu coração está aberto para mim mesma e para todos. Que belo presente recebi! Cada dia é um presente.

"Seu amor e compaixão tocaram meu coração"

CHRIS RAE,
Designer de Redes da Internet

Eu fui criado num lar cristão e frequentei uma grande igreja pentecostal durante toda a minha infância. Aos 19 anos, percebi que a minha relação com Deus não era como eu imaginava. Abandonei a igreja e segui meu próprio caminho.

Nove anos depois eu estava angustiado. Meus pais haviam se separado e a minha família estava uma confusão. Eu vivia cada dia para sobreviver e não sabia se a vida tinha algum sentido. Andava em círculos, sentindo-me constantemente rejeitado e sofrendo. Estava irritado com a igreja que, no meu modo de pensar, devia me aproximar de Deus. Eu não iria acreditar que Deus estava lá apenas porque outras pessoas diziam que ele estava. Eu nunca o vira nem o ouvira falar. No que me dizia respeito, quando se morria, não havia mais nada.

Os meus amigos, em sua maioria, eram cristãos, e juntos estávamos fazendo um curso sobre a comunicação com Deus. Eu discordava disso e, como conhecia bem as Escrituras, podia abalar a fé deles. Mas apesar do meu comportamento e do fato de eu sustentar essas opiniões, eu estava aberto, e lembro de estar em meu apartamento dizendo: "Deus ou Poder Superior, quem quer que me tenha feito, se fores real eu gostaria de saber".

Alguns meses depois, a mãe de um amigo, Theresa, começou uma igreja em sua casa e eu fui até lá. Continuei lá depois que todos saíram, decidido a conversar com Theresa sobre a minha vida e os problemas da família. Eu estava ficando muito emocionado, e então ela disse: "Você se importa se eu pedir a Jesus que ele participe desta conversa?" Eu respondi com sarcasmo: "Se você quiser — seja o que for que isso signifique".

Começamos a falar sobre algo que havia acontecido comigo quando era criança. Contei a ela sobre uma professora que fora muito abusiva. Ela me repreendia por coisas que eu não fazia. E não me deixava ir ao banheiro. Quando eu inevitavelmente urinava, ela dizia a meus pais que eu era um encrenqueiro.

Theresa pediu que eu fechasse os olhos e visualizasse a sala de aula. Em seguida, pediu que eu descrevesse a sala. Eu estava fazendo isso, quando ela disse: "Olhe ao redor. Você vê Jesus em algum lugar?" Eu olhei ao redor da sala. Sim! Ele estava lá. Ele brilhava numa luz radiante. Não era uma luz normal — era uma luz viva, e seu amor e compaixão tocaram meu coração. Parecia ser a primeira vez que eu sentia amor no meu coração. Naquele momento, ele levou meu sofrimento embora.

Desde então, nunca mais questionei.

“Minha dor desapareceu”

NEIL WOLLPERT,
Representante Comercial de Seguros

Eu sofria de uma dor constante em todo o corpo, vinte e quatro horas por dia. Minha jornada para obter um diagnóstico e algum alívio me levou a hospitais da Universidade do Estado de Ohio, à Escola de Medicina da Universidade de Indiana, à Clínica Mayo, à Escola de Medicina de Harvard e à Clínica de Cleveland. A Clínica de Cleveland foi o último dos cinco hospitais que procurei.

Eu havia consultado vinte especialistas, e ainda assim nenhum conseguira me ajudar. Meu estado era deplorável e cheguei a pensar em suicídio, porque não houve um único momento nesse tempo todo em que eu não sentisse dor.

Então, um belo dia, às três horas da madrugada, fui despertado por uma luz dourada no canto superior do meu quarto. Era uma luz estranha, com cerca de cinquenta centímetros de diâmetro. Era densa no centro e rarefeita nas bordas.

Então ouvi uma voz dentro da minha cabeça dizer: “Tudo vai ficar bem”. No exato momento em que ouvi a voz, eu soube que ela era real, porque minha dor desapareceu. Pela primeira vez em cinco anos e meio, eu não tive dor. Cinco minutos se passaram e a luz foi esmorecendo lentamente, e à medida que isso acontecia, a dor voltava.

No início pensei que havia imaginado tudo, mas ter ficado livre da dor mesmo que por apenas cinco minutos era uma prova de que Deus me tocara pessoalmente. Foi um momento maravilhoso!

Hoje tenho o diagnóstico de fibromialgia e tomo remédios para a dor. Desde a experiência com a luz dourada, minha fé diminuiu e eu continuo um buscador constante, mas não questiono a existência de Deus.

"Palavras com sabor de mel"

SEBIO AGUILAR,
Operador de Máquinas Aposentado

Era o dia 23 de abril de 1983. Lembro como se fosse ontem. Eu participava do culto noturno da Igreja Assembleia de Deus Latino-Americana em Hanford, Califórnia, quando o pastor disse que aqueles que quisessem poderiam se aproximar e orar no púlpito. Alguns membros mais antigos da igreja esperavam na frente para ajudar os que chegavam orando. Casualmente, quando me aproximei, meu irmão e minha cunhada se posicionaram ao meu lado.

Eu me ajoelhei e orei. Enquanto orava, as palavras tinham um sabor que me fazia não querer parar. Lembro que orei por uns quinze minutos, quando ouvi a voz da minha cunhada dizendo: "Você está recebendo o Espírito Santo". Continuei a orar. Eu não queria parar. Cada palavra tinha um gosto de mel. Eu não sabia o que estava dizendo — eram simplesmente palavras com sabor de mel.

Enquanto continuava, tive uma visão. Eu me vi numa terra estéril. Na minha frente havia um muro. Fui até ele e o escalei, e então subi alguns degraus até chegar a duas portas enormes. Elas eram tão grandes que eu me senti uma formiga ao olhar para elas. Bati numa das portas e ela abriu ligeiramente. Escorreguei para dentro e tudo o que eu ouvia eram cantos. Era como milhares de pessoas cantando, mas eu não conseguia vê-las. Era algo deslumbrante. Era um som que eu nunca ouvira antes, maravilhoso.

Ao meu redor havia cristais em toda parte. Eu nunca tinha visto essas pedras antes. Não conseguia identificá-las. Eram absolutamente maravilhosas. Enquanto caminhava, vi uma figura vindo em minha direção. Eu podia ouvir pessoas entoando louvores ao Senhor. Eu não via o rosto, mas podia sentir que era um homem. Ele vestia um manto, com uma gola branco-prateada. Caí de joelhos e me curvei. Eu vi as sandálias e as perfurações nos pés. Quando ele estendeu as mãos, vi as perfurações nas palmas e soube que era o próprio Jesus.

As únicas palavras que ele pronunciou foram "Seja bem-vindo, meu filho". Naquele momento, senti um toque no meu ombro, e quando me virei, percebi que era minha cunhada. Meu irmão estava sentado no banco da frente, e todas as outras pessoas tinham ido embora. Perguntei quanto tempo eu ficara ali, e ela disse: "Quatro horas!" Faltavam quinze minutos para a meia-noite e eu subira ao púlpito às sete horas. "Você estava falando numa língua diferente!", disse minha cunhada. "Você estava com o Espírito Santo, e não entendíamos o que você estava dizendo."

Tive sonhos e pesadelos durante toda a minha vida, mas não consigo me lembrar deles. Lembro-me dessa visão como se fosse uma viagem real que realizei. Até hoje posso contar tudo sobre ela. Ela permanece comigo e é extremamente vívida. Tudo o que eu havia aprendido quando criança, mas nunca entendi, ficou claro para mim durante aquelas quatro horas de oração.

"EU SABIA QUE ELA HAVIA FALECIDO"

Confirmando a Vida Após a Vida

"Eu senti amor, alegria e felicidade, tudo numa grande bolha"

ALLAN HEFFERNAN,
Técnico em Engenharia Aposentado

No dia 18 de novembro de 1991, nossa família perdeu um belo rapaz, meu filho Steve, que cometeu suicídio. Ele estava com 20 anos e vivera anos tumultuados.

Na semana anterior ao enterro, estávamos em casa, em família, passando por crises recorrentes de tristeza e lágrimas. Eu andava de um lado para outro na sala. Por alguma razão, um pensamento cruzou minha mente, e eu falei sem pensar: "Eu não recebi um abraço de despedida!"

A semana avançou e tivemos o enterro. Um dia depois, subi para deitar-me sentindo-me muito cansado e mergulhei num sono reparador. Um pouco antes do amanhecer, acordei, sentei-me na beira da cama, levantei-me e desci as escadas. Tudo na casa estava quieto quando atravessei a sala de estar. Quando entrei na sala de jantar, vi uma figura humana na minha frente. A pessoa, cujo rosto eu não conseguia ver, estava com as mãos erguidas até a altura da cabeça, e eu entendi que ela queria um abraço. Então envolvi a pessoa com meus braços. E senti que ela também me abraçou. Os sentimentos que me invadiram naquele momento eram quase indescritíveis. Eu me senti borbulhante, como uma rolha flutuando numa garrafa de champanhe. Senti amor, alegria e felicidade, tudo numa grande bolha.

O detalhe seguinte que lembro foi que me sentei na cama, muito feliz, dizendo: “Era meu filho!”

Alguns podem dizer que eu estava sonhando. Para mim foi uma experiência fora do corpo em que me conectei com meu filho. Eu sei o que aconteceu. Sei que foi real, e ninguém pode me dizer que não foi.

No momento em que fui abraçado, eu soube que nunca, jamais ficaríamos separados, que ele estava num lugar seguro e bem vivo. Sou muito grato por isso ter acontecido comigo. Durante toda a minha vida, eu acreditei, mas essa experiência foi o meu primeiro reconhecimento de que tudo aquilo em que eu acreditava era verdadeiro.

"Era o carteiro entregando um pacote surpresa"

LAWRENCE GROFF,
Advogado Aposentado

No dia 6 de março de 1967, minha irmã Patricia foi apunhalada até a morte em seu quarto, na ilha de Java, em Bandung, Indonésia.

Fazia dois meses que Pat estava na Indonésia, trabalhando como professora dos filhos de missionários. Esse era o seu objetivo desde os 12 anos de idade. Ela estava com 25 anos.

Seu assassino tinha 19 anos, e disse que havia entrado no apartamento para roubar de uma americana rica. Mas não havia nada para roubar. Ela vivia com o que cabia numa mala, ainda esperando que suas roupas e pertences pessoais chegassem de navio.

Eu estava trabalhando em Nova York quando recebi um telefonema de meu pai informando-me sobre esse fato lamentável. Voltei imediatamente para ficar com meus pais em Pawtucket, Rhode Island.

Dois dias depois soubemos que o corpo de Pat chegaria aos Estados Unidos no dia 9 de março, uma quinta-feira. No dia 9, liguei para a KLM Airlines para saber a hora prevista da chegada do voo no Aeroporto Internacional Kennedy. Recebi a informação de que o avião pousaria às três horas da tarde, quinze minutos antes do programado. Exatamente às três horas, quando o avião que trazia o corpo de Pat tocou a pista, a campainha tocou na nossa casa. Era um carteiro entregando um pacote surpresa com a letra de Pat escrita nele. Eram presentes que ela havia comprado e enviado para amigos e familiares quando parou em Cingapura a caminho para a sua atividade missionária na Indonésia. Um sentimento estranho me envolveu. Senti que uma força havia providenciado para que isso acontecesse e que a surpresa de Pat era na verdade ela mesma chegando em casa.

Acredito que Deus tenha um modo de nos levar a conhecer sua existência enviando-nos mensagens, como fez naquele dia. Deus pode ter feito isso para que soubéssemos que Pat permaneceria como parte das nossas vidas para sempre. Ou ainda, a mensagem poderia ser que devemos dar uns aos outros presentes de amor e perdão e tentar viver a vida amorosamente como Pat viveu.

Pat lia a Bíblia todas as noites antes de dormir. Na noite em que foi assassinada, ela estava aberta em João 12.24: "Em verdade, em verdade, vos digo: Se o grão de trigo que cai na terra não morrer, permanecerá só; mas se morrer, produzirá muito fruto".

“A caminho do céu”

MARTY CROAK, *Advogado*

Cindy e eu nos conhecemos no correio onde ambos trabalhávamos. Ela era uma bela mulher — cheia de energia, com um sorriso fácil. Nós nos apaixonamos.

Não demorou muito para que ela começasse a se queixar de dores no estômago, o que levou ao diagnóstico de câncer de cólon. Com 19 anos, ela teve parte do cólon retirado e precisou fazer quimioterapia. Ela passou a se sentir melhor, e nós retomamos a nossa vida normal. Noivamos e compramos uma casa, e eu comecei o curso de Direito.

Mas a dor voltou a se manifestar. Os médicos a abriram novamente. O câncer havia se espalhado. Disseram-nos que ela estava em estado terminal. Decidi interromper os estudos naquele semestre. Assim, eu trabalhava no correio e ia ver Cindy depois do trabalho. Ela foi levada do hospital para uma cama na sala de estar dos seus pais, e era ali que eu a visitava todas as noites.

Certa manhã, acordei sobressaltado no quarto da casa que havíamos comprado juntos. Senti um estremecimento no coração, como se alguma coisa o estivesse atravessando. E então uma incrível sensação de paz me envolveu. Olhei pela janela e vi um lindo nascer do sol. Poucos minutos depois o telefone tocou. Era o pai de Cindy. Ela acabara de falecer.

Ao desligar o telefone, eu soube que fora despertado pela alma de Cindy que havia passado por mim a caminho do céu.

"Eu sabia o momento exato em que mamãe falecera"

MIKE MORGAN,
Proprietário de Seguradora

Perto do final dos dez anos de luta de minha mãe contra o câncer, meu irmão, minha irmã e eu nos revezávamos cuidando dela. No meu dia, eu a tirava da cama e colocava na cadeira de rodas, ria e chorava com ela. Fiz isso durante dois meses.

Na noite em que ela faleceu, meu irmão, Dana, estava com ela. Eu estava dormindo em minha casa, a duas horas de distância. Acordei com o som de meu nome sendo chamado. Em seguida senti ondas como choques elétricos passando da cabeça aos pés. Era uma sensação surpreendente. Olhei o relógio; eram três e quarenta e cinco da manhã. O telefone tocou às dez para as seis. Era Dana dizendo que mamãe havia partido. Ele a havia observado às três, e ela estava respirando, mas às quatro não respirava mais. Ele não sabia a hora certa da morte.

Eu disse a ele que sabia o momento exato em que mamãe tinha falecido. Essa experiência me deixou com uma paz interior que continua comigo até hoje.

Minha esposa sempre me arrastava para a igreja no Natal e na Páscoa, mas só depois dessa experiência com mamãe foi que compreendi. Sinto que recebi um presente naquele momento, que me mostrou que estamos todos ligados e que não morremos, mas que nos qualificamos para algo maior.

"Eu a levarei para casa outra vez, Kathleen"

KATHLEEN RHOADS,
Representante do Serviço de Atendimento ao Cliente

Meu pai sempre fora uma pessoa despreocupada. Ele amava a vida e estava sempre de bom humor. Era músico e ótimo cantor. Todas as festas eram em nossa casa! Eu era a primogênita, e meus pais me deram o nome de Kathleen. Assim, em praticamente todos os eventos meu pai cantava para mim "Eu a Levarei para Casa Outra Vez, Kathleen".

Vinte anos haviam se passado desde que Deus levara papai — repentinamente, para surpresa de todos. Eu não conseguira me despedir dele, e isso sempre me incomodava. Com o passar dos anos, tive momentos de tristeza, mas uma noite em particular, em 2002, a angústia foi excruciante.

Eu trabalhava atrás do balcão no Delta Crown Room e fui tomada pela tristeza, sentindo falta do meu pai. Fiquei muito melancólica e simplesmente não conseguia me recuperar. Eu estava para dizer ao colega que trabalhava comigo que eu iria para casa mais cedo, quando a porta do elevador abriu e um homem parecido com meu pai veio em minha direção. Uma situação realmente espectral. Papai sempre usava terno, gravata e chapéu. Esse homem estava vestido da mesma forma e ainda era de estatura semelhante.

Ele se aproximou de mim e disse: "Seu nome é Kathleen?" (Eu não estava usando crachá naquela noite). Respondi que sim. Então ele começou a cantar "Eu a Levarei para Casa Outra Vez, Kathleen!" Eu simplesmente fiquei ali, atordoada. Ele cantou todas as estrofes e então virou-se e saiu. Nem sequer bebeu. Isso não foi igual a meu pai — ele teria bebido alguma coisa.

As colegas me perguntaram quem ele era. Eu disse que nunca o vira antes. E também nunca mais o vi depois.

Desde então estou em paz com relação à morte do meu pai. Eu acho que Deus nos dá muitas pequenas pistas. Ele sabe o que está acontecendo. Quando nos vê sofrendo, ele nos ajuda. Acredito que Deus enviou esse homem para me ajudar a vencer a tristeza.

“Os passarinhos começaram a cantar”

MICHELE CROAN,
Proprietária de Loja

Minha mãe faleceu no dia 3 de julho de 2006. Nós éramos muito ligadas — como irmãs. Durante a semana seguinte, eu às vezes cheirava o perfume dela ou o sabonete que ela usava. Isso me fazia sentir bem. Todos estavam preocupados comigo e com meu estado, mas eu nutria um extraordinário sentimento de fé, como nunca antes. Mas foi no dia seguinte ao enterro que me senti mais espiritualmente elevada.

Era domingo de manhã, e eu saí para a varanda para tomar café com meu marido. Estávamos sentados a uns três metros de uma árvore e de um alimentador de pássaros. Nessa hora da manhã, os alimentadores estavam quase sempre cheios de passarinhos, mas nesse dia havia apenas dois, a mãe e seu filhote.

Imaginei que essa devia ser a primeira vez que o filhote saía do ninho, pelo modo como ele queria ser alimentado. Sentei-me e observei o maravilhoso ato da natureza enquanto a mãe ensinava o filhote a se alimentar por si. Meu marido e eu ficamos sentados em silêncio por cerca de 45 minutos, observando. Eu sentia como se estivesse num transe. Lembro de olhar a mãe e seu filhote e associá-los com minha mãe e comigo.

Naquela tarde, quando estava sozinha, voltei para a varanda, e os pássaros estavam lá novamente. Dessa vez o filhote aproximou-se do alimentador, alimentou-se sozinho e depois voou para a banheira de pássaros. A mãe voou para as árvores, e o pequeno pássaro ficou ali pousado por algum tempo, sozinho. Eu me sentia só, como o pequeno pássaro. Mas também senti que minha mãe estava me enviando uma mensagem. "Está tudo bem. Você está por sua conta." Mesmo me sentindo consolada, sentei-me e chorei — um choro bom. E enquanto permanecia ali, chorando, os passarinhos começaram a cantar nas árvores próximas. Então todos se juntaram ao filhote, no alimentador.

Isso foi reconfortante para mim. Foi a maneira de Deus de me dizer que tudo está certo e que tudo *ficaria* bem.

"Já chego aí, Vô"

KATHLEEN MACDONALD,
Supervisora de Farmácia

Em alguns dias da semana eu ia para a casa da minha tia para cuidar do meu avô doente de 93 anos. Num determinado dia, eu estava alguns minutos atrasada, por isso não fiquei surpresa ao ouvir meu avô chamar o meu nome quando passei pela porta. Gritei na direção do seu quarto: "Já chego aí, Vô". Ao mesmo tempo, a esposa do meu primo gritou da cozinha: "Ela não está aqui ainda, Vô", sem saber que eu tinha acabado de entrar.

Subi ao quarto do meu avô para dar bom-dia, mas descobri que ele tinha falecido. Era evidente que ele estava morto havia algum tempo, porque estava frio e o sangue havia se acumulado num lado do corpo. Quando desci as escadas correndo, gritei para minha prima chamar o 911, dizendo-lhe que vovô estava morto. Ela disse: "Ele não pode estar morto; acabou de chamar o seu nome!"

Quando a polícia e a equipe de resgate chegaram, perguntei há quanto tempo eles achavam que ele estava morto. Eles estimaram que vovô partira pelo menos três horas antes de eu chegar ali.

Eu já tinha uma forte crença em Deus antes que isso acontecesse, mas essa experiência a consolidou.

"Eu vi uma belíssima estrela cadente"

MARTHA THOMPSON,
Secretária de Universidade

Na véspera do Dia de Ação de Graças de 2006, um amigo meu muito especial, chamado Larry, faleceu. Naquela noite eu fiz o que costumava fazer todas as noites às dez horas — levei os meus dois cães para passear e falei com Deus. Nessa noite também pedi a Larry que me dissesse se ele tinha ido para o céu mostrando-me uma bonita estrela cadente. Não vi nenhuma, porém.

Na noite seguinte, peguei os cães para o passeio e fiz o mesmo pedido, mas novamente não houve estrela cadente.

Não contei a ninguém sobre o meu pedido. Era uma coisa apenas entre mim, Deus, Larry, os cães.

A noite seguinte era a do funeral. Eu fui com meu marido, e minha filha concordou em nos encontrar lá. Quando ela chegou, correu para mim e disse: "Mamãe, vindo para cá, eu vi uma belíssima estrela cadente".

Meu coração transbordou. Eu chorei, porque isso confirmava tudo. Deus me fazia saber que Larry estava no céu.

"A manhã despontou"

RITA WHITEMAN,
Dona de Casa

No dia 7 de maio de 2003, eu me aninhei na cama com minha mãe e cantei para ela a canção "A Manhã Despontou", esperando reanimá-la. Foi a última manhã de sua vida. Desde sua morte, venho tendo uma relação estranha com o tempo. Se olho para o relógio e são dez horas e dez minutos, onze e onze, doze e doze e assim por diante, volto-me para o céu e digo: "Oi, mamãe". Parece que isso acontece mais frequentemente do que se poderia considerar como coincidência, como um acaso.

No dia 31 de outubro de 2006, dia do aniversário de minha mãe, meu irmão estava próximo da morte. Eu estava trabalhando em casa naquele dia, ouvindo o rádio, e começou a tocar "A Manhã Despontou". Olhei para o relógio e era uma hora e onze minutos. E foi quase como se eu ouvisse a voz de mamãe. Eu senti minha mãe perto de mim dizendo: "Não se preocupe. Eu estarei aqui para recebê-lo".

Meu irmão morreu naquela noite, por volta das vinte horas, em paz. Não tenho dúvida de que ela o estava esperando.

É irrelevante a religião que cada um siga. Eu penso que há um Deus que cuida de todos nós. Acredito que vivemos de muitas maneiras, estados e formas.

"Quão Grande És Tu"

PATI FREY,
Gerente Comercial Aposentada

Minha sogra, Ann, ia completar 80 anos. Sem avisá-la, fomos todos à sua residência de inverno em Naples, Flórida, para uma festa-surpresa de aniversário. Ela ficou muito emocionada. Seus filhos estavam lá, como também o irmão e as irmãs dela. Foi um dia maravilhoso.

Em poucas semanas, porém, ela estava à beira da morte, em razão de complicações de uma infecção na coluna. Ela voltou de avião para sua casa na Pensilvânia em busca de cuidados médicos, e nós começamos uma vigília de 24 horas ao lado de sua cama. Uma noite, cansada de rezar, sugeri que cantássemos. Então, com umas oito pessoas ao seu redor, cantamos seu hino favorito, "Quão Grande És Tu". Ela morreu na manhã seguinte.

No dia do enterro, pediram-me que dirigisse o carro dela até o local das cerimônias. Levei meus dois filhos comigo. Era um momento solene, e o rádio estava desligado. Eu queria silêncio.

Enquanto nos dirigíamos à igreja, o rádio ligou sozinho, tocando "Quão Grande És Tu". Foi só esse hino — não houve outro antes desse. Meus filhos viram — eu não toquei no rádio. E, do volante, não havia como ligá-lo.

Isso me confirmou que Deus estava lá. Nunca pensei que um dia poderia ser testemunha direta da sua graça. Não precisei mais ser convencida. O fato também me fez sentir que Ann estava dizendo: "Tudo bem. Eu estou bem. Todos ficarão bem".

"Donald nos mandou um sinal!"

JULIE BONADONNA DZIEWISZ,
Professora Universitária

Durante a última semana de vida do meu irmão Donald, ele não conseguia falar, mas nós sabíamos que ele podia nos ouvir. Havia dez membros da família com ele em sua casa quando ele morreu. Exatamente duas horas depois, surgiu um incrível, inexplicável arco-íris sobre a casa. O tempo estava nublado, mas não chovia. Eu vi o arco-íris e disse: "Olhem, Donald nos mandou um sinal!" Então eu contei para os familiares que antes de Donald falecer, eu havia sussurrado em seu ouvido que queria que ele me mandasse um sinal quando chegasse ao outro lado, para que eu soubesse que ele estava bem e no céu. Minhas duas irmãs comentaram que também lhe haviam pedido um sinal.

Chamamos minha cunhada para ver o arco-íris. Nós lhe dissemos que havíamos pedido um sinal para ele. O que não sabíamos é que ela também pedira um sinal. Ela havia pedido que Donald lhe enviasse um arco-íris!

No início pensei: "Esse é um sinal maravilhoso, mas será realmente meu irmão?" Talvez fosse apenas uma coincidência. Então pensei em meus pais — desolados depois de perderem seu único filho — e em meu sobrinho de 7 anos, que acabara de perder o pai. Eu queria que eles acreditassem que Donald tinha enviado o arco-íris. Isso era o mais importante. Quanto a mim, eu precisava de mais confirmação.

Acho que meu irmão sentiu o meu ceticismo, porque cada vez que eu começava a pensar que era uma coincidência, outro arco-íris aparecia numa data significativa. No aniversário de ano do falecimento do meu irmão, apareceu um arco-íris duplo sobre a casa de sua esposa e filho. Tenho uma fotografia dele. Minha crença em Deus foi confirmada por aquele primeiro arco-íris e tem sido fortalecida por todos os outros arcos-íris que vi desde então.

"Era só desgosto e tristeza"

TERESA PARADIS,
Diretora Executiva,
Live and Let Live Farm Rescue

Quando jovem, eu acalentava o sonho de trabalhar para uma organização para proteção de animais que cuidava de cavalos. Em 1996, criei a Live and Let Live Farm. A fazenda é um abrigo que resgata cavalos e outros animais que sofrem de fome, maus-tratos, negligência ou abandono.

Em março de 2004, recebi um telefonema de um dos membros de nosso conselho administrativo pedindo ajuda. Nancy disse que um amigo dela, Harry, estava muito doente e preocupado com seus cavalos. Disse que Harry amava seus três cavalos mais do que tudo no mundo, mas um dos familiares estava pensando em sacrificá-los assim que Harry morresse. A esposa de Harry esperava que eu pudesse salvá-los.

Concordei em encontrar Harry e sua esposa, Hope, às treze horas, mas resolvi ver os cavalos primeiro. Nancy foi comigo. Quando chegamos, eles estavam de pé, numa pastagem dos fundos, e estavam muito felizes. Eles nos seguiam por onde íamos e deixavam afagar o pescoço, alisar o corpo e respirar no seu nariz. Ao sair, eles nos seguiram através do celeiro e nos acompanharam até a cerca.

Quando me virei para entrar no carro, olhei para trás. O comportamento dos cavalos havia mudado completamente. Estavam cabisbaixos; seus corpos estavam como que caídos. Parecia que estavam chorando. Fiquei arrasada. Nunca sentira tanta tristeza em toda a minha vida — era só desgosto e tristeza. Olhei para Nancy e disse: "Meu Deus, Nancy, esses cavalos estão tão tristes. Eles devem estar sentindo muita falta de Harry".

Então fomos ao encontro de Harry. Ele morava a cinco minutos de distância. Quando chegamos, Hope atendeu a porta e disse: "Harry acabou de falecer. Já chamei o padre". Fiquei toda arrepiada quando entendi o que tinha acabado de acontecer.

No momento em que vi a tristeza dos cavalos, eles deviam estar sentindo o que estava acontecendo. Harry estava morrendo naquele exato momento e despedindo-se. Hoje tenho certeza quase absoluta de que Harry não morreria antes de saber que seus cavalos estariam a salvo. Momentos antes de ver a tristeza nos cavalos, eu havia tomado a decisão de levar os três para o abrigo.

O espírito dos animais que amamos estão fortemente ligados a nós. Harry amava seus cavalos. Se eu já não acreditasse antes, eu teria começado a acreditar naquele momento e naquele lugar.

"Ele passou por mim"

MARK MCENTEE,
Compositor

Michael Hutchence era um grande amigo meu. Era uma pessoa gentil, com um espírito adorável. Nós dois éramos músicos australianos e tínhamos isso em comum, mas também nutríamos o mesmo interesse por cultura. Ele era uma pessoa muito culta.

Quando tínhamos tempo, viajávamos para algum lugar. Às vezes para Sydney, onde trabalhávamos no mesmo estúdio de gravação. Outras vezes para os Estados Unidos, quando estávamos em turnê, ele com o INXS e eu com o Divinyls.

Michael morreu no dia 22 de novembro de 1997. Alguns meses depois do enterro, eu estava trabalhando num estúdio de gravação em Sydney. Eu tinha acabado a gravação do instrumental e estava fazendo a trilha vocal. Posicionado nos fundos da sala, ouvindo o *playback*, senti o espírito de Michael passar por mim. A sensação que experimentei foi a vibração real do seu espírito. Era uma energia maravilhosa — a sua energia. E então, vindo do meu coração, eu o ouvi dizer: "Estou num lugar lindo".

A experiência não durou mais do que dez segundos. Depois disso, olhei para as outras pessoas que estavam na sala e disse: "Nossa! Michael Hutchence veio me visitar!"

Era uma sensação muito vívida, verdadeira. Nunca acontecera nada assim comigo antes.

Foi uma experiência real de vida após a vida. Ela me confirmou que a essência da alma de Michael — sua juventude e vibração — estava num bom lugar e que, de fato, há algo depois da experiência da morte.

"Não acredito em coincidência"

EARL BRECHLIN,
Jornalista

Não acredito em coincidência. Todos nós somos culpados por depreciar como coincidência momentos de clareza cósmica ou foco. Na maioria das vezes, nem sequer temos consciência de que aconteceram. Em geral estamos muito ocupados, trabalhando demais, ou simplesmente nos esquecemos da interconexão dos acontecimentos ao nosso redor. Quando temos um vislumbre de reconhecimento, quando algum botão emocional nas profundezas da nossa alma é acionado, frequentemente o descartamos como *déjà vu*. Poucas pessoas têm tempo ou tendência para debruçar-se sobre o que exatamente desencadeou aqueles sentimentos, rastreá-lo, expor suas camadas, revelar as raízes. Essas pequenas coisas, e as lembranças que associamos a elas, emergirão à superfície de modo imprevisível. Quem sabe o que as desencadeia — um pensamento passageiro, um padrão de luz habitual, um som, um odor, ou o roçar suave de uma brisa de verão. E então há outras ocasiões em que um sinal claro, uma mensagem inequívoca, manifesta-se e nos golpeia na cabeça.

Isso aconteceu comigo em julho de 2002. Eu seguia de carro para minha casa em Bar Harbor, Maine, vindo de uma livraria onde eu estivera promovendo o meu livro de cartões postais *Bygone Bar Harbor*. Eu estava pensando no meu casamento que se aproximava e desejando que alguns dos meus parentes queridos que já haviam partido estivessem comigo para festejar conosco.

Comecei a pensar em minha avó Barbara Brechlin (Baba). Recebi o nome do marido dela, Earl, que morreu um pouco antes de eu nascer. Não conheci meu avô, mas levo sua lembrança comigo, não apenas como seu xará, mas também como depositário de um símbolo inestimável do seu amor.

Não muito tempo antes de morrer, Baba me deu o anel de diamante de noivado que o seu Earl lhe dera em 1929, em Meriden, Connecticut. Compreendi que não era fácil para ela desfazer-se de algo que levara tão perto do coração por mais de cinquenta anos. Ela disse que queria que eu ficasse com ele para que eu pudesse dá-lo à mulher com quem eu me casaria. Eu o mantive muito bem guardado durante quinze anos, até propor casamento a Roxie.

Quando cheguei em casa, comecei a procurar entre os milhares de cartões de Mount Desert Island e do Acadia National Park um que um amigo me pedira.

Os cartões estavam guardados em porta-fotografias plásticos, cada bolsa contendo dois cartões, verso contra verso e com a parte da frente exposta. Entre todas as pastas, havia apenas uma bolsa em que faltava um cartão. Embora eu raramente prestasse atenção no lado do endereço dos cartões, meu olhar se fixou num deles. Arregalei os olhos, sem entender o que via. Era um cartão postal de Bar Harbor, Maine, endereçado à Sra. Earl Brechlin, Rua Colony, Meriden, Connecticut. Estava datado de julho de 1956.

Até aquele momento, eu não sabia que possuía um cartão que Baba tivera um dia em suas mãos — um cartão entregue na casa onde eu havia morado 46 anos antes, enviado de um lugar que eu um dia chamaria de lar. E então havia a data no cartão. Ele foi escrito no dia 11 de julho. Meu primeiro encontro com minha noiva, Roxie, em Bar Harbor, foi em 11 de julho.

Assim, como um cartão enviado de Bar Harbor, escrito para minha avó num determinado dia 46 anos antes, pôde parar nas mãos de um comerciante de Massachussetts que casualmente o vendera para mim numa exposição de objetos antigos em Connecticut? E como pôde acontecer de eu não descobrir que ele estava comigo senão dois anos mais tarde, poucos minutos depois de pensar sobre a mulher que abrira mão de sua posse mais preciosa para ser usada por minha noiva apenas alguns dias depois?

Seria possível que tudo isso fosse apenas uma coincidência? Eu não apostaria nisso. Havia aqui algo muito mais poderoso do que um simples pedaço de papel velho. Havia aqui um eco espiritual, uma ondulação espiritual, um sinal, postado no Maine para ser entregue no futuro distante, uma mensagem, aparentemente perdida e todavia destinada a ser encontrada, numa surpreendente colisão cósmica de vida e amor e tempo.

"TENHO ALGO A LHES DIZER"

Pressentindo

"Foi Deus, claramente"

STEPHEN SMITH,
Superintendente Aposentado do Setor de Calefação e Ventilação

Foi em 1972. Eu estava casado havia quatro anos e as coisas não iam muito bem entre mim e minha esposa. Tínhamos dois filhos: a menina estava com 3 anos e o menino com quase 1.

Eu trabalhava em Chicago, num prédio no centro da cidade como assentador de chapas de metal. Certa manhã, minha esposa me deixou no trabalho. Nesse dia, ela não me levou o almoço e não foi me buscar no fim do dia. Quando cheguei em casa, percebi que ela havia feito as malas e partido. Ela tinha ido embora, levando as crianças.

Imaginei que ela tivesse ido para a casa do seu pai, na Geórgia, mas não sabia como localizá-lo. Perguntei a amigos e familiares. Ela não havia dito para ninguém para onde iria. Ninguém sabia onde eles estavam.

Eu esperava que mais cedo ou mais tarde ela entraria em contato, mas continuei procurando. Seis semanas se passaram, e nada. Eu estava ficando cada vez mais preocupado com as crianças e sentia falta delas. Com o passar do tempo, um pensamento tomava corpo, desenvolvendo-se no fundo da minha mente. Eu não parava de pensar: "Eles estão em algum lugar por aqui". Eu procurava em toda parte e falava com todos os conhecidos. Ainda assim, o mesmo pensamento não me dava tréguas. E então senti um impulso de falar com uma babá que nos auxiliara uma ou duas vezes um ano antes. Eu não tinha gostado dela. Não a achei responsável, e ela não mantinha a casa limpa. Mas não consegui lembrar onde ela morava. E então pensei que não fazia sentido procurar essa mulher, porque ela nos ajudara como babá antes mesmo de meu filho ter nascido.

Mas o impulso aumentou, e eu comecei a pensar no lugar onde ela morava. Eu ainda estava trabalhando, mas agora essa ideia me consumia. Numa sexta-feira, depois do trabalho, o impulso era tão forte que eu não conseguia pensar em mais nada. Lembro que me pus num estado de meditação, totalmente concentrado nesse pensamento. E então lembrei onde ela morava! Entrei no carro e fui até a casa dela.

Uma criança abriu a porta, e quando entrei minha filha veio correndo na minha direção. Olhei ao redor, procurando ver meu filho. Ele estava num cercadinho, em pé, segurando-se nas pequenas barras, e quando me viu levantou os bracinhos e começou a chorar.

A mulher me disse que minha esposa os deixara ali, pagando por duas semanas de trabalho como babá, mas que não voltara para buscá-los nem entrara em contato novamente. Disse que não sabia como me encontrar. Ela estava com as crianças havia seis semanas. Isso aconteceu numa sexta-feira. Ela havia decidido encaminhar as crianças para o Departamento de Atendimento à Criança e à Família na segunda-feira seguinte. Se ela tivesse feito isso, eles estariam no sistema, e eu sempre pensaria que estavam com a minha mulher. Eu os teria perdido para sempre.

Naquele momento, tomei a decisão de que jamais se afastariam de mim, e me mantive fiel a essa promessa até que chegaram à idade adulta.

Foi Deus, claramente, quem me levou a meus filhos. Eu não teria pensado na babá, não teria ido até a casa dela, se não tivesse tido aquele impulso permanente que foi se intensificando até eu ser guiado até eles. Eu sempre terei fé em Deus.

"Era como se eu tivesse esquecido alguma coisa"

JAMES MATEKA,
Empreiteiro

Dia 20 de novembro de 1971. Eu frequentava o segundo ano na Universidade de Albuquerque. Estava fora do *campus*, participando de uma festa, quando tive uma sensação, ou um chamado — como um instinto — para voltar ao dormitório do campus. Era como se eu tivesse esquecido alguma coisa, aquela sensação que surge quando não se tem certeza de ter trancado a porta. Saí da festa e voltei ao dormitório. Quando entrei no prédio e tomei a direção do quarto, passei por um conjunto de doze a quinze telefones públicos. Um deles estava chamando, e absolutamente por acaso eu atendi. Era meu pai, telefonando de Chicago para me comunicar que minha avó tinha falecido.

Fui de avião para Chicago na manhã seguinte, para estar com minha família e participar do enterro.

Penso frequentemente nas probabilidades desse fato, e acredito que Deus interveio estimulando-me a deixar a festa e em seguida a atender o telefone — o que, de outro modo, eu jamais teria feito.

"Um segundo a mais, e teria sido tarde demais"

RON VANDERVALK,
Empresário do Setor de Softwares

Era o ano de 1997. Eu trabalhava em casa como criador de programas de computação. Meu filho estava com 6 anos e minha filha com 5. O escritório era adjacente ao quarto, separado por portas corrediças. As crianças estavam sentadas na cama, assistindo à TV, e eu trabalhava no computador. As portas estavam fechadas para isolar o som da TV.

De repente, parei de digitar no meio de uma frase e fui dar uma olhada nas crianças. Quando abri a porta, o meu coração quase saltou do peito. Eu gritei: "*Para!*" Minha filha estava em pé no canto da cama de frente para meu filho, e os braços dele estavam prontos para empurrá-la. Ela estava alinhada exatamente com o canto da cômoda, e teria caído para trás e batido a cabeça na quina do móvel, com consequências trágicas.

Eu quase não acredito quando penso no que aconteceu. Não consigo explicar. Não sou uma pessoa particularmente religiosa, mas acredito piamente que Deus me tocou naquele dia, e me fez levantar e entrar no quarto. Eu estava muito ocupado e não havia nenhuma razão para eu parar, no meio de uma frase, para observar as crianças. O fato de eu ter aberto a porta no exato momento em que meu filho ia empurrar a minha filha é muito mais do que uma coincidência. Um segundo a mais, e teria sido tarde demais.

"Agradeço a Deus por me dar aquela sensação"

BETTE LU FORSYTHE,
Farmacêutica Aposentada

Em outubro de 1997, fui ao médico da família, o dr. Trevino ("Dr. T") para meu exame anual. Ele prescreveu uma série de exames de sangue. Eu pedi um raio X do tórax porque lembrei que eram passados muitos anos desde que eu fizera o último. O dr. T perguntou: "Você sente algum sintoma?" "Não", respondi. Ele deixou claro que se eu não tivesse algum sintoma específico, o procedimento não seria coberto pelo seguro. Porém, continuei com a sensação de que eu devia insistir para realizar o exame e pagá-lo do meu próprio bolso.

Na semana seguinte, o dr. T me telefonou com o resultado do raio X. O exame revelava uma mancha no pulmão. Depois de uma série de exames com especialistas, fui operada. Um lóbulo foi retirado; a área escura era câncer.

Mais tarde, três diferentes especialistas me perguntaram como eu sabia que devia fazer o raio X. Não pude lhes dar uma resposta. Era uma sensação que eu não conseguia explicar. Agradeço a Deus por me dar aquela sensação. Por que eu dei atenção? Não sei. Sou uma pessoa comum. Acredito que se as pessoas são sensíveis e ouvem, elas receberão mensagens e suas vidas mudarão. A experiência confirmou para mim a existência de um poder além de nós.

"Tenho algo a lhes dizer"

DONNA ORCHARD,
Professora/Administradora Escolar

No outono de 1998, quando voltávamos para casa depois de uma sessão de cinema da tarde, meu filho de 19 anos começou a tremer, as articulações brancas apertando o volante. Nosso estado de espírito despreocupado mudou de repente quando ele disse: "Muito bem, pessoal, tenho algo a lhes dizer". "Estamos ouvindo", seu padrasto respondeu, enquanto confirmávamos com a cabeça. Meu filho olhou para nós e disse: "Eu sou *gay*".

Olhei para meu filho lindo, agora na lista do reitor em sua trajetória para a universidade como líder do grupo de tenores numa igreja episcopal. Minha resposta, imagino, foi típica. Gritei como ele gritou na loja de departamentos, quando olhou para mim depois de descobrir que não existia Papai Noel. Fiz uma tempestade sobre a AIDS e sobre não ter netos. Minha mente foi rápida: "Meu filho ficará relegado a bares de solteiros e a múltiplos parceiros e nunca encontrará o amor? E se ele entrar no bar errado no Alabama?" Eu me engalfinhei com Deus: "A vida já é bastante difícil sem isso! Meu belo filho é meigo e afetuoso e desconhece a violência. Como posso protegê-lo? Ele será tratado adequadamente no emprego ou será demitido se o chefe descobrir? Ele precisará morar longe de mim, em San Francisco ou Nova York para ficar seguro? Ficaremos separados por muitos quilômetros e também por um estilo de vida que não compreendo? Deus, como você pôde fazer isso?" Fui educada como batista tradicional — ter um filho *gay* não estava nos planos!

Trinta minutos depois, descemos do carro, eu me aproximei do meu filho e nós nos abraçamos. Naquele momento, meu corpo relaxou na paz perfeita de Deus. "Benjamin", eu disse: "não há nada que você possa dizer que me faça amá-lo menos."

Passei de uma reação materna típica — "A vida já é bastante difícil sem isso" — para, trinta minutos depois, pensar: "Bem, é claro que Benjamin é *gay*". Eu senti a presença de Deus no decorrer de toda aquela conversa.

Pessoalmente, acredito que foi meu Poder Superior — que eu chamo de Deus — que interveio e me possibilitou ver tudo isso como uma bênção. Hoje não consigo imaginar meu filho *não* sendo *gay*!

"Ela nunca recobrou a consciência"

RON SKARBO,
Varejista do Setor Moveleiro

No final de novembro de 1996, decidi fazer algo que nunca tinha feito antes — voar de Seattle a Palm Springs num fim de semana para assistir a um torneio de golfe. A ideia era tão insólita que, sem dúvida, minha esposa pensou que eu devia ter perdido o juízo quando apresentei a sugestão. Não fazíamos coisas assim. Era um impulso repentino. Mas fomos.

Minha esposa, eu e nosso filho mais jovem fomos de avião até Palm Springs para assistir a um torneio profissional anual chamado Skins Game. Meus pais tinham uma casa de inverno na região, então nós os surpreendemos quando chegamos em sua casa no sábado à noite. Apesar de toda a animação com a nossa chegada, também ficaram decepcionados ao saber que não planejávamos ficar mais tempo com eles. Então propusemos levá-los para jantar na noite seguinte ao torneio. Marcamos o encontro para as seis horas da tarde.

O torneio atrasou, e quando chegamos na casa dos meus pais já eram quase oito horas e eles já tinham jantado. Eu me desculpei por fazê-los esperar e procurei dar minhas explicações, mas parecia que tudo o que eu dissesse não estava produzindo efeito em mamãe. Ela estava claramente zangada. À medida que a noite avançava, eu fazia tudo o que podia imaginar para mudar seu estado de espírito. Meus pedidos reiterados de desculpas e sua evidente relutância em aceitá-los finalmente se tornaram uma espécie de diversão. Por fim, pus-me na frente dela, peguei seu rosto em minhas mãos, olhei-a bem nos olhos, beijei-a, disse-lhe que estava muito triste por ter perdido o nosso encontro e repeti que a amava. Finalmente, ela se soltou e riu conosco por sua teimosia.

Voltamos para casa na manhã seguinte, e ao meio-dia eu já estava no escritório. Uma hora mais tarde, papai me telefonou. Ele me disse que mamãe sofrera um aneurisma e estava no hospital, inconsciente.

Voltei a Palm Springs naquela tarde e passei o resto da semana com papai, visitando mamãe no hospital. Ela nunca recobrou a consciência e acabou falecendo.

Seja pelo motivo que for, passei a última noite de vida consciente de minha mãe falando suavemente com ela, olhando nos seus olhos, beijando-a e dizendo-lhe que a amava. Jamais houve a mínima dúvida sequer em minha mente de que esse foi um presente maravilhoso de Deus.

"Agora eu era refém"

JORDAN RICH,
Locutor de Rádio

Eu admiro a obra de Deus desde criança. Um incidente dramático me lembra a força da minha relação com Ele.

O ano era 1992, o mês era novembro. Era um dia típico de outono na Nova Inglaterra. Eu terminei o meu turno da manhã na rádio, uma estação FM em Boston, e me dirigia a uma eletrônica próxima para pegar um amplificador consertado. Eram cerca de dez e meia da manhâ. Estacionei o Jeep na frente da loja e entrei despreocupado, com a mente concentrada nas demais tarefas daquele dia.

Eu não percebi o homem encapuzado encostado quieto na frente da loja. Quando entrei, ele me seguiu e colocou uma arma na minha nuca. Senti o aço frio da arma e ouvi suas ordens cheias de impropérios para me comportar. Fomos então na direção dos seus três cúmplices, que já estavam ameaçando os proprietários da loja.

Os proprietários estavam de joelhos, amarrados, com o rosto voltado para o chão. Fui avisado, em termos inequívocos, para não me mexer, ou "seria morto". Agora eu era refém. Os ladrões pegaram minha carteira e as chaves e me empurraram por um pequeno lance de escadas até um cubículo fechado, e me disseram para não me mexer.

Tudo parecia muito surreal, é evidente. Eu havia entrado direto no meio de um assalto à mão armada em andamento — aqui, no meio de uma manhã ensolarada e clara. Pensei como seria desnecessário e estúpido perder a vida por algo tão insignificante como um amplificador de som.

Enquanto contemplava minha vida, pensei em minha esposa Wendy, grávida de oito meses de nosso segundo filho. Tudo o que eu conseguia pensar era no meu bebê que eu poderia não viver para ver. Rezei muito, e ao rezar, tive uma sensação de calma. Deus parecia envolver-me no cubículo. Uma voz na minha cabeça continuava repetindo que tudo ia ficar bem e eu não precisava me preocupar. A voz parecia ser a minha, mas tinha uma confiança e certeza que só podia vir de um poder maior. A voz impediu que eu entrasse em pânico e permitiu que eu respirasse e relaxasse durante os trinta minutos em que estava sendo ameaçado e intimidado pelos bandidos.

Os ladrões saíram da loja com uma pequena quantidade de dinheiro e uns poucos componentes eletrônicos. Eu saí daquela experiência assustadora sabendo, sem questionar, que Deus tinha outros planos para mim. Não era para eu morrer naquele dia. Haveria muita vida, amor e aprendizado no futuro.

Ele me deu um toque no ombro logo depois disso. Seu senso de sincronicidade foi impecável. Foi um mês depois do roubo. Eu estava na ala da maternidade onde acabara de assistir ao nascimento do meu filho Andrew, quando o telefone tocou. Era o delegado do distrito dizendo que haviam prendido os quatro suspeitos do assalto.

Olhei para cima e agradeci a Deus por ajudar os policiais a desvendar o caso e por Ele ter ficado ao meu lado durante o assalto. Ele estava lá comigo no dia em que ameaçaram minha vida, exatamente como estava naquele momento glorioso em que Andrew veio ao mundo. Sou um homem de muita sorte.

“Era agora ou nunca mais”

BARRY BLOOM,
Pastor

Em janeiro de 1992 eu estudava teologia e vivia com Amanda havia três anos. Ela estava certa dos seus sentimentos. Ela desejava prosseguir, o que significava casar e ter filhos. Eu estava com 49 anos e ela com 34. Eu passara por um divórcio doloroso quatro anos antes, e não estava pronto para um novo compromisso. Depois de ter marcado e adiado três vezes a data do casamento, Amanda tomou uma posição. Era agora ou nunca mais.

Eu fiquei angustiado. Parecia impossível seguir uma alternativa ou outra. Então fiz o que eu costumava fazer quando estava aflito e confuso — fui orar. Peguei meu velho furgão de acampamento e fui a um parque próximo da nossa casa no Colorado.

Amanda havia me dado um cachimbo da paz Lakota. Na tradição nativa americana, uma pessoa amada que melhor conhece o seu espírito o presenteia com esse cachimbo. Depois que o recebi, um amigo que é xamã lakota instruiu-me sobre as responsabilidades que acompanham o cachimbo. Ele me disse que ao aceitá-lo eu estava concordando em viver em paz, em não agir com raiva e em ser compassivo com as pessoas. Eu assumi as responsabilidades com muita seriedade.

Foi um desses dias de janeiro que acontecem ocasionalmente no oeste dos Estados Unidos — estava ensolarado e quente. Eu me posicionei na porta aberta do furgão para aquecer-me o máximo ao calor do sol. Eu estava de frente para as montanhas e comecei o ritual de oração com o cachimbo da paz.

Enquanto fazia isso, duas águias implumes apareceram nas alturas. Obviamente eram companheiras. Elas voaram lentamente em círculos cada vez mais próximos até chegar a uma distância de menos de trinta metros acima de mim. Eu soube, imediata e completamente, por que as águias estavam ali e o que eu devia fazer com essa bênção. Eu soube naquele momento que estava sendo tocado por Deus. Eu estivera cheio de dúvidas com relação ao casamento. Num instante, essas dúvidas foram substituídas por uma clareza absoluta.

Depois de circular por um minuto ou dois, o casal começou a subir. As águias alcançaram as termas e se foram.

Concluí rapidamente o ritual, voltei rápido, entrei em casa correndo e disse a Amanda que era hora de casarmos.

Três semanas depois, o nosso amigo, o xamã lakota, e um pastor da Igreja Unitária Universalista realizaram o nosso casamento.

Nossa filha, Hannah Joy, nasceu no dia 12 de janeiro de 1994, e nós celebramos recentemente o aniversário de quinze anos de casamento. Temos uma vida boa!

“Meus pensamentos foram literalmente bombardeados”

CARLA CAMERON,
Fotógrafa

Eu estava numa etapa da vida em que me perguntava se Deus havia se esquecido de mim. Eu estivera pedindo a Deus o presente da cura, mas não estava conseguindo. Era uma oração sem resposta, e eu não entendia por quê.

Foi logo depois do Dia de Ação de Graças, e eu estava fazendo um sanduíche de peru quando meu filho, que tinha pouco menos de um ano de idade, começou a me perturbar. Eu lhe dei um pedaço de pão e continuei fazendo o meu sanduíche. Coloquei o peru no pão, fatia por fatia. Quando olhei para o meu filho, ele estava com os olhos no peru. Eu sabia que era isso que ele queria, mas ele não conseguia mastigar carne. Então, em vez de lhe dar peru, dei-lhe um pedacinho de bolo, na tentativa de compensá-lo — eu sabia que o truque daria certo. Mas para minha surpresa, não deu. Olhei para ele e vi o pão amassado em uma das mãos e o bolo todo esmigalhado na outra. Ele queria peru e começou a chorar.

Fiquei frustrada por ele. Eu sabia o quanto ele queria a carne, mas podia se engasgar com ela. Não era possível dar-lhe o que ele queria.

E então me dei conta. Meus pensamentos foram literalmente bombardeados. Foi quase como se eu entrasse em sintonia com a estação de rádio de Deus — como se sintonizasse com a Sua frequência. Deus prendeu minha atenção mentalmente e falou ao meu coração. Ele disse: "Carla, você não é diferente, minha filha. Eu lhe dei minha palavra, e isso não foi suficiente. Depois comecei a revelar os muitos talentos e dons que escolhi especialmente para você, e você os descartou como se não tivessem valor. Por favor, compreenda, aquilo mesmo pelo que você se irrita comigo por eu não lhe dar agora sufocará você".

Olhei para meu filho e pensei: "Deve ser assim que Deus se sente quando um dos seus filhos pede algo que ele não pode dar". Foi uma lição de vida para mim. O fato me fez ver que há algumas coisas para as quais não estou preparada. Daquele dia em diante, compreendi que Deus não havia se esquecido de mim e que me protegia movido por puro amor. Não é que Ele não quisesse satisfazer o desejo do meu coração — era eu que não estava madura o suficiente para lidar com o que pedia. Hoje acredito que Deus não se recusa a nos dar nada que consideramos bom, a menos que seja para a nossa proteção. Sua percepção do momento é perfeita!

"A comunicação se parecia mais com ondas de pensamento"

MOSHE BERNSTEIN,
Rabino/Escritor

A minha frequência cardíaca acelerou quando a bolsa de couro marrom passou pelo detector de raio X no Aeroporto Internacional de San Francisco. Apesar do meu nervosismo, eu sabia racionalmente que a máquina não registraria o objeto de poder contido na sacola: um manuscrito hebraico com trezentos anos de idade.

A história por trás do livro era, em si, miraculosa. Poucos meses antes, no final de agosto de 2002, um trabalhador voluntário do Mosteiro de Nova Nórcia, ao norte de Perth, Austrália, havia descoberto o manuscrito enrolado em papel de açougue, numa prateleira na biblioteca do mosteiro. Ele nunca fora catalogado.

A razão do manuscrito estar agora em minhas mãos tinha a ver com o seu conteúdo: cabala. O estudo do misticismo judaico é uma das paixões da minha vida. Em razão de minha reputação como professor e conferencista sobre o assunto, o abade do mosteiro havia entrado em contato comigo para examinar a autenticidade do livro.

Viajei para Nova Nórcia com três colegas rabinos para analisar o texto. Assim que vi o livro, um verdadeiro tesouro da cultura judaica, fiquei obcecado em reivindicá-lo para o povo judeu. O livro era uma das dezessete cópias manuscritas do *Shoshan Sodot*, cujo original remontava a 1495. Era um compêndio de toda a sabedoria cabalística acumulada até aquela data. *Shoshan Sodot* traduz-se por "Lírio de Mistérios". Na numerologia judaica, porém, a palavra *Shoshan* tinha o valor numérico de 656 — assim, o título do livro era também "Seiscentos e Cinquenta e Seis Mistérios". Todos os 656 mistérios, incluindo visualizações meditativas, mapas astrológicos e encantamentos mágicos, estavam intactos. Sua descoberta num mosteiro num remoto sertão do oeste australiano foi para mim, como cabalista, comparável a um joalheiro encontrar um diamante inestimável em algum beco obscuro.

Embora o livro pudesse representar uma posse valiosa para o caixa quebrado do mosteiro, não houve transação financeira envolvida; ele foi doado livre e altruisticamente. Desse modo, teve início para mim uma jornada de oito semanas através do globo junto com esse artefato distintivo, com o objetivo de encontrar um repositório adequado ao seu valor cultural, histórico e monetário.

Assim que a bolsa surgiu no outro lado do detector em San Francisco, soltei um suspiro silencioso de alívio. Depois de colocar a bolsa a tiracolo, minha esposa e eu nos dirigimos ao portão de embarque do nosso voo para a Costa Leste.

Passamos uma semana visitando meus pais na Filadélfia, inclusive o Natal, data em que celebramos o quinquagésimo primeiro aniversário de casamento deles. Embora, como a maioria do povo judeu, eles não compreendessem ou valorizassem a cabala, ficaram impressionados com o significado do texto singular que eu levava comigo.

Da Filadélfia fomos para West Orange, New Jersey, para passar dois ou três dias com minha irmã e suas duas filhas.

No dia 31 de dezembro, tínhamos voo reservado para New Orleans, com passagens gratuitas para três dias. Eu planejara originalmente levar o manuscrito comigo, pois ele se tornara um companheiro quase inseparável desde o momento em que o abade o colocara em minhas mãos. Minha irmã, porém, me convenceu de que seria muito mais seguro deixá-lo em sua casa enquanto viajávamos.

A casa dela, localizada num bairro, tinha um grande porão que fora transformado em acomodações para hóspedes. Depois de arrumar a nossa bagagem de mão com o que precisaríamos para a breve viagem a New Orleans, peguei o manuscrito, coloquei-o cuidadosamente dentro da mala maior que ficara no chão do porão e o tranquei com mais segurança ainda.

O táxi para o aeroporto devia chegar a qualquer minuto. Subi as escadas com a bagagem de mão, mas no topo da escada parei de repente. Sem dúvida, o livro estava se comunicando comigo. É difícil de descrever, pois a comunicação se parecia mais com ondas de pensamento do que com palavras audíveis. No entanto, a mensagem era clara: o livro não se sentia bem em ser deixado na mala.

Desci rapidamente as escadas, abri a mala e retirei a mochila de couro marrom. Olhei rapidamente em volta do quarto, abri a porta de um pequeno depósito para vassouras e coloquei a mochila numa das prateleiras mais altas. Voltei a subir as escadas. O táxi já nos esperava na frente de casa.

A caminho do aeroporto, pensei sobre o que eu havia feito — baseado apenas numa voz irracional dentro da minha cabeça. Por que eu retirara o valioso manuscrito de uma mala fechada e o deixara, sem segurança, numa prateleira aberta? Eu era um idiota total ou simplesmente doido?

A véspera do ano-novo em New Orleans foi uma coisa louca e fantástica. Sendo abstêmio, senti-me como um forasteiro nas celebrações frenéticas. Contudo, nos bastidores do pitoresco Bairro Francês, bombardeado com a batida estridente, rítmica de bandas concorrentes, o evento foi memorável.

Na manhã seguinte fomos despertados por um telefonema da minha irmã, que parecia profundamente agitada. Durante a noite seu porão ficara inundado. As nossas duas malas e tudo o que elas continham ficaram totalmente submersos. A única coisa que escapou da inundação foi o manuscrito cabalístico.

"NÃO ESTOU PRONTA PARA IR"

Voltando do Outro Lado

"Não estou pronta para ir"

JANE SEYMOUR,
Atriz/Empreendedora

Eu estava filmando *A História de Onassis*, na Espanha, e fui acometida por uma bronquite. O médico foi levado ao *set* de filmagem e aplicou-me uma injeção de antibióticos. Senti de imediato que algo não deu certo. Era como se a garganta fechasse. Eu tentava falar, mas não conseguia.

O que lembro em seguida é ter entrado em pânico, e logo depois não estar mais em pânico. Eu estava muito calma, mas logo não estava. Eu olhava para baixo, para o meu corpo. Vi um homem gritando — berrando, "*Emergência! Emergência!*" Fui virada de lado — eu estava seminua. Eu tinha duas seringas enormes nas nádegas e olhava do canto da sala. E então vi essa luz branca. Eu não sentia dor nem tensão. Era como se eu apenas olhasse; então pensei: "Isso é muito estranho. Essa sou eu. Mas não pode ser eu, se eu estou aqui". Então percebi que eu estava fora do corpo e que iria morrer.

De repente, tão somente olhei e disse: "Não, não, eu não estou pronta para ir. Quero voltar para aquele corpo. Tenho filhos para criar e muita coisa que quero fazer. Eu quero retribuir, quero fazer muita coisa no mundo, e eu simplesmente, não estou pronta para ir".

Então pedi para quem quer que estivesse lá em cima — Deus, um Poder Superior, seja qual for o nome que se dê — eu disse simplesmente: "Seja você quem for, jamais negarei sua existência, deixe-me voltar para aquele corpo, eu não o decepcionarei. Jamais o decepcionarei. Não desperdiçarei um minuto da minha vida se a receber de volta". O que senti em seguida foi que estava em meu corpo.

Eu acredito que existe uma entidade espiritual maior do que nós. Sempre acreditei nisso e agora acredito mais ainda. Acredito que alguém está me ouvindo e me propiciando uma vida incrivelmente abençoada.

"Tive uma parada cardíaca e fui declarada morta"

KATHY BAKER,
Proprietária de Seguradora

No dia 16 de maio de 1985, dei entrada no hospital para um procedimento bastante rotineiro: dar à luz. Depois de dezenove horas de trabalho de parto malsucedido, os médicos resolveram fazer uma cesariana. Eu trabalhava como enfermeira naquele andar do hospital e tinha total confiança nessa decisão e nas pessoas que a tomaram. Eu sabia que tudo ficaria bem.

Depois de quinze minutos na sala de cirurgia, os médicos estavam prontos para retirar o bebê, mas surgiu um problema. A anestesia epidural havia sido acidentalmente injetada nas minhas veias. Minha filha nasceu às oito e dezessete da noite, e no mesmo momento meu coração parou de bater. Eu me senti sufocar. Tive uma parada cardíaca e fui declarada morta.

Observei a equipe de choque entrar para me ressuscitar. Vi quando o médico gritou para o anestesista: "*Quanto tempo? Quanto tempo?*"

Enquanto eu pairava sobre o meu corpo na mesa de operação, um ser muito amoroso que eu chamo de Deus falou comigo e me disse que eu ficaria bem e que iria para a luz. Lembro que eu me comunicava não com a boca, mas através da mente. Lembro que me virei para cima e entrei num túnel que eu descreveria como uma força g. Não havia mãos me segurando.

Ao atravessar o túnel, passei por outros seres que me transmitiam uma sensação incrível de amor. Cheguei no topo e entrei numa luz radiante que não me ofuscava os olhos. Passei por essa luz e cheguei numa estrada maravilhosa. Da estrada fui levada a um edifício, e ao entrar nele luzes lindas de todas as cores me envolveram totalmente.

Então vieram ao meu encontro alguns seres amorosos que me falaram sobre coisas que aconteceriam em minha vida. Eles me explicaram que a vida é muito simples e que a complicamos com nossos problemas. Disseram que fomos criados com o propósito de aprender a amar a nós mesmos, e depois aos outros. Ressaltaram que a lição mais difícil é aprender a amar a nós mesmos antes de tudo. Esclareceram que as pessoas confundem esse amor com egoísmo e pensam que amar o próximo é a verdadeira lição. Esse modo de pensar, porém, geralmente só causa confusão e problemas. Disseram ainda que não conseguiremos aceitar os outros como eles são se antes não aceitarmos a nós mesmos.

Segundo esses seres, há muitas lições que devemos aprender aqui, lições que assumirão as mais diversas formas. O que percebemos como uma lição negativa é na verdade positiva — para nosso crescimento. Por fim, disseram-me que eu devia voltar. Lembro-me de ter-lhes dito que eu queria ficar.

Permaneci em estado de semicoma durante três dias. Quando acordei, contei aos médicos e às enfermeiras que eu os vira trabalhando e ouvira o que diziam enquanto eu estava na sala de cirurgia. Eles confirmaram minha experiência quando disseram: "Você não tinha condições de saber isso. Você estava morta!"

De volta para casa, não pude falar sobre essa experiência durante anos, mas conservo dentro de mim o amor e a orientação que recebi de Deus. Sei que Deus me mandou de volta para ajudar outras pessoas a ver beleza e luz em vez de trevas.

“Não temo mais a morte ou, de fato, mais nada”

JANICE LUNNON,
Oficial de Campo de Cuidados a Idosos

Em janeiro de 1995, viajei para a Nova Zelândia com um grupo chamado Foundation of Higher Learning para participar de um retiro zen de duas semanas. Esse grupo se reúne para estudar ensinamentos antigos de diferentes religiões. Nesse retiro em particular, meditávamos e cantávamos na esperança de elevar a nossa vibração espiritual, de nos tornarmos pessoas melhores e mais amorosas. Nosso objetivo era elevar a consciência humana a um plano superior de paz e amor e, fazendo isso, elevar a consciência espiritual em termos globais.

Alguns dias depois do retiro, sentei-me em casa para meditar sozinha. Eu acabara de entrar num estado de paz realmente profundo, em que os meus pensamentos finalmente haviam parado de zumbir em minha cabeça, quando de repente senti como se estivesse flutuando no ar. Surpresa, olhei para baixo e percebi que não era o meu corpo que subira, mas outra parte de mim. Eu estava num estado de felicidade, olhando para o meu corpo embaixo. Lembro ter me sentido pouco à vontade. Eu não sabia aonde estava indo e se seria capaz de interromper essa experiência. Olhei de cima até que o pânico tomou conta de mim e eu voltei para o meu corpo.

Fiquei muito impressionada com essa experiência porque percebi que acabara de provar a mim mesma que eu era uma alma e estava separada do meu ser físico. Não olhei para trás desde então e nunca mais duvidei de que sou uma alma eterna, em constante reencarnação. Agora não temo mais a morte ou, de fato, não temo mais nada.

"Salvem as crianças"

HERBERT SEE POY,
Músico de Jazz

No alvorecer do dia 15 de maio de 2005, meu amigo Pedro e eu saímos de Cairns (North Queensland, Austrália) para Innisfail, tendo a reboque o bote de fibra de vidro de seis metros, pertencente a Pedro. Lançamos o barco na foz do rio Johnstone e seguimos para Howie Reef, parte do famoso Great Barrier Reef.

Assim que lançamos as linhas de pescar, os peixes morderam a isca. Em pouco tempo tivemos de parar para limpar e congelar o que havíamos apanhado. Por volta das sete da noite havíamos pescado a nossa cota legal e a caixa de gelo estava cheia até a tampa. Tínhamos separado uma parte para comer e estávamos muito animados. Nossa intenção original era pernoitar ali, mas decidimos surpreender nossas famílias voltando para casa mais cedo.

Navegar não era problema, pois tínhamos um GPS (sistema de posicionamento global), mas ao chegar à foz do rio não conseguimos ver a boia de luz vermelha. A boia é um sinalizador que orienta com segurança os navegantes através de uma passagem estreita, passando por rochedos perigosos, em direção ao rio. Para piorar as coisas, havia um nevoeiro muito denso. Soubemos mais tarde que a luz da boia não estava funcionando naquela noite.

Eu dirigia o bote e Pedro estava sentado na proa procurando a boia quando aconteceu. Batemos exatamente nas rochas que estávamos tentando evitar! Pedro foi projetado seis metros sobre as pedras e eu fui jogado para a frente contra o volante e o painel de instrumentos. Lembro que liguei para o 000 (911) no meu celular, dando detalhes. Não me lembro de ter escalado as rochas cobertas de ostras que me rasgaram a pele e cortaram dois tendões na canela e no tornozelo. Mais tarde a polícia disse a meu filho que haviam me encontrado cambaleando na estrada.

O ronco do helicóptero de resgate me acordou brevemente, mas não lembro de ter chegado em Cairns, ou de qualquer outra coisa durante as cinco semanas em que fiquei em coma induzido na UTI do Hospital de Base de Cairns.

Durante essas cinco semanas, com pulmões perfurados e inoperantes, seis costelas quebradas e lesões nas pernas e no queixo, contraí pneumonia várias vezes. Na quarta vez, o tratamento convencional não surtiu efeito. Os médicos disseram à minha amiga Greta que meu estado era crítico e que eles não tinham esperança de que eu me recuperasse. Antes de sair de casa naquela manhã, ela rezou ao telefone com meu amigo de longa data, o bispo George Tung Yep.

Quando Greta chegou ao hospital, ela foi imediatamente autorizada a ficar ao meu lado. Ela se sentou, segurou a minha mão e repetiu a oração que fizera com o bispo Tung Yep. Enquanto rezava, uma enfermeira entrou no quarto e se apresentou. Ela disse que seu nome era Sue e que estava auxiliando um médico que testava em seres humanos um novo medicamento para combater diversas infecções e vírus. Ela perguntou se Greta a autorizaria a testar o medicamento em mim.

Agora a minha vida dependia totalmente de aparelhos e se esvaía rapidamente. A enfermeira explicou que esse era o último dia em que novas pessoas seriam aceitas para os testes. Ela teria de enviar um e-mail e fax para o laboratório nos Estados Unidos até o início da tarde para receber o medicamento.

Minha família deu a autorização. Milagrosamente, eu estava fora de perigo no período de doze horas a partir do início do tratamento. Duas semanas depois, quando meus pulmões estavam funcionando sem o auxílio de aparelhos, os médicos me tiraram do coma induzido.

A primeira coisa que fiz foi gesticular pedindo caneta e papel. Essas foram as palavras que escrevi: "Estive no céu e falei com Deus. Preciso salvar as crianças".

A minha lembrança do céu começava com um churrasco ao lado de um riacho límpido como cristal sobranceado por árvores imponentes, muito antigas. Eu disse para a pessoa que me acompanhava: "O que vamos comer? Não trouxemos nada". Ele respondeu: "O que você gostaria de comer?" Eu respondi: "Camarões seria uma boa pedida". Ele pegou uma rede e a lançou na água, de onde saiu cheia de camarões.

Então segui por um caminho que levava a um muro de pedras com cerca de um metro de altura por um metro de largura e um metro de profundidade. Estava escuro, e quando cruzei a entrada deparei com um vale imenso cercado por montanhas. Naquele mesmo instante todas as montanhas explodiram no maior espetáculo de fogos de artifício que eu jamais vira. Enormes rochas candentes eram lançadas a grandes alturas, mas ninguém se feria. Em meio à luz fulgurante eu podia ver milhares de pessoas, todas participando de um churrasco feito com carne de porco-espinho. O barulho era ensurdecedor e os clarões de luz eram ofuscantes. Era algo que não se poderia ver na Terra.

Quando o barulho cessou, vi as costas de um homem vestido com um manto branco que caminhava entre as pessoas a certa distância de onde eu estava sentado. Eu o chamei: "É o senhor, Deus?" Ele não respondeu. Então eu disse: "Por que todo esse barulho e burburinho?" A voz que respondeu preencheu o universo inteiro: "Salvem as crianças. Usem todo o seu tempo, toda a sua energia e todo o seu dinheiro para salvar as crianças. Não deixem que nenhuma criança fique doente, faminta ou infeliz".

A voz não voltou a falar; observando mais de perto, pude perceber que toda aquela multidão era composta de crianças de 6 a 12 anos. Acredito que fora Jesus que eu chamara, mas foi a voz de Deus que respondeu.

Recebi uma educação religiosa e sempre acreditei. Se eu tinha alguma dúvida antes, essa experiência fortaleceu a minha crença na vida após a vida e pôs o selo de aprovação na minha fé.

Desde o acidente descobri um novo interesse para a minha música. Estou colocando toda a minha energia e tempo na prática do saxofone e na composição de novas canções. Espero gravar um CD dessa música em benefício de instituições de caridade voltadas para crianças.

"Euforia eterna"

JENNIFER SKIFF,
Jornalista/Escritora

No meu aniversário de 12 anos ganhei uma bicicleta de dez marchas e minha mãe me proibiu de andar numa estrada muito movimentada chamada Route 102. Mas pressionada por uma amiga, logo eu estava pedalando na 102.

De repente, tive a sensação mais maravilhosa — a única forma de descrevê-la seria como euforia eterna. Olhei para baixo. A aproximadamente dez metros abaixo de mim, havia um Volkswagen. No para-brisa quebrado havia algo que parecia uma peruca loura. Um corpo caído estava retorcido no asfalto na frente do carro.

Vi quando duas mulheres desceram do fusca e se dirigiram para o corpo. Outros carros pararam e pessoas corriam para ajudar. Eu vi minha amiga, paralisada de medo, ainda agarrada ao guidão da bicicleta. Foi então que percebi que o corpo era o meu.

No mesmo instante, a maravilhosa sensação de euforia se dissipou e eu voltei para o meu corpo ensanguentado, a cabeça escalpelada e a espinha exposta.

Um mês depois eu estava totalmente recuperada. Mas nunca contei a ninguém o que realmente aconteceu comigo naquele dia até ficar adulta e ouvir que outras pessoas haviam tido experiências semelhantes. Desde aquele dia, nunca mais temi a morte.

"Toda religião é do homem, não de Deus"

STEVE SIRBACK,
Delegado Aposentado

No dia 9 de março de 2001, depois de sofrer dois ataques cardíacos graves, fui submetido a uma cirurgia de coração aberto para implantação de um marca-passo quádruplo. Concluída a cirurgia, o médico não conseguiu reiniciar meu coração e eu fiquei clinicamente morto durante aproximadamente vinte minutos.

Foi durante esse período que atravessei um túnel de luz e fui para o outro lado. O local era extremamente lindo, com cores incrivelmente brilhantes em nada parecidas com o que eu já vira, e a sensação de acolhimento, paz e amor excedia qualquer descrição. Eu senti que estava na presença de algo grande, que chamarei de Espírito de Luz. Ele me fez sentir muito humilde e amado.

O Espírito me disse que há muitas verdades que o mundo não está preparado para aceitar e que ainda não chegou o momento de revelá-las. Foi-me dito que se eu decidisse voltar, devia transmitir a seguinte mensagem:

> Toda religião é do homem, não de Deus. A religião nos separa, e Deus quer que sejamos como uma única família, para adorá-lo — o Deus uno e único. Para passar a eternidade no paraíso, deve-

> mos amar a Deus com todo o nosso coração e com toda a nossa alma. Mas precisamos fazer muito mais do que isso. Devemos amar, respeitar, perdoar e ajudar-nos uns aos outros. Não devemos julgar. Não devemos dar as costas a quem passa por necessidades. Precisamos amar e respeitar toda forma de vida — sim, toda criatura viva. Se elas não tivessem valor, Deus não lhes teria dado a vida. Se a humanidade praticar essas coisas, o mundo poderá sobreviver, e nós veremos o paraíso. Se o homem continuar a se distanciar de Deus, ele pagará por sua desobediência.

Essa experiência mudou a mim e a toda a minha vida. Agora sou uma pessoa muito mais cuidadosa. Meu objetivo é transmitir essa mensagem ao maior número possível de pessoas e, fazendo isso, levar mais pessoas a Deus e ao conhecimento da importância de nos amarmos uns aos outros.

Agradecimentos

Esta jornada começou com uma parada em San Diego, em meio a um voo entre a Austrália e a Nova Inglaterra. Eu tinha dois dias gloriosos à disposição para passar com uma das minhas melhores amigas. Quando minha irmã Katy me pediu para almoçar com uma de suas amigas, eu disse que não teria tempo. Mas como a sorte (ou intervenção) dispôs, eu peguei uma daquelas gripes-pesadelo do tipo "vou morrer a qualquer minuto" no voo que partiu de Sydney e fui forçada a prolongar a minha estada. Quando me senti melhor, fui almoçar com a amiga de Katy, a Reverenda Millie Landis. Foi quando Millie me perguntou se eu havia tido algum contato com divino, e com essa pergunta ela me passou a tocha. Estar perto de Millie é como viver um momento com um anjo. Ela me deu um belo presente.

Minhas grandes amigas e mentoras de redação, a alegre Susan Maushart e a fascinante Elisabeth Luard, concordaram que essa era uma ótima ideia para um livro. Então Elisabeth, a quem sou eternamente agradecida, pegou a minha mão e a colocou na de Abner Steins. Abner envolveu-me com a segurança da extraordinariamente especial Susan Raihofer, que me orientou durante a redação da proposta de sessenta páginas do livro e me encaminhou para os braços de Julia Pastore, que a aceitou imediatamente.

Minhas amigas gloriosas agiram da maneira costumeira — apoiando-me e encorajando-me. Carolyn O'Neil é um poço de conhecimentos e apoiou todo o meu esforço com grande entusiasmo. A incrível Becky Madeira lançou-se à ação com suas habilidades de publicitária e meu genial irmão, Jim Skiff, criou o *website* GodStories.com. Jess Lo e Anna Bradley — mulheres fabulosas e cheias de compaixão — ajudaram com as pesquisas.

Por uma vida inteira de amor e apoio, agradeço a Crystal Canney, Janet Field-Back, Laura Gower e Beth Jackson. Por me cumularem de atos de generosidade durante este projeto, sou grata a Sara Baer-Sinnott e K. Dun Gifford, Amy Bennett, Chrissie Brown, Sandi Brown, Rosemary Canney, Susannah Carr, Lisa Castaldo, Katie Chapman, Grant Castle, Patti Chapman, Amy Clemons, Susan e David Rockefeller, Mara Craig, Nancy Dawson, Catherine Fleay, Joan Galos, Ita Goldberger, Stephen e Rogina Jeffries, Steve "Cosmo" Kassels, Michele "Esplêndida" Lafond, Dianne "sempre positiva" Laurance, Liz e Arthur Martinez, Jacqueline Montfort, Douglas Munro, Genie Murray, Anne e Bruce "Cupcake" Pomeroy, Kathy Shields, Adam Sigel, Ali Thompson, Carole Tomko-Recka, Marisa Tribe e Bo Wisniewski.

Às mulheres com quem pratico natação no mar na Austrália e no lago no Maine, agradeço a habilidade de nadar e de rir ao mesmo tempo. Às boas pessoas que trabalham para proteger animais em todo o mundo e que passei a chamar de amigas, agradeço a paixão, que alimenta o meu próprio ardor. Agradeço a bondade de Ted Turner, por proporcionar-me toda uma vida de oportunidades, e a generosidade de Jane Seymour, que compartilhou graciosamente sua história e deu asas a este livro.

A mídia abraçou o conceito de "Encontros com Deus" e deu vida a este projeto. As pessoas mencionadas a seguir, e seus grupos de apoio, desempenharam um papel importante para torná-lo realidade: Earl Brechlin, Jeff Brucculeri, Ann Charles, Kate Daniels, Gary Dickson, Dave Durian, Hec Gauthier, Jonathon Gifford, Bob Gourley, Rosemary Greenham, Allan Handelman, Jack Harris, Judy Harrison, Pat Hernandez, Annie Jennings, Dennis Kelly, Natalie Knox, Nicholas Kratsas, Don Lancer, Lars Larson, Deborah Leavitt, Matthew Lymbury, G. Jeffrey MacDonald, Keith MacDonald, Geraldine Mellet, Brenda

Michaels, Leslie Miller, Mark Miller, Mike Moran, Luke Morfesse, Jordan Rich, Don Russel, Monty Sangar, Jim Scott, Fiona Sewell, Bev Smith, Rob Spears, Will Sterling, Brad Storey, Sharon Taylor, Shawn Taylor, Richard Walburg, Tedd Webb e Bernadette Young.

Foi sumamente gratificante trabalhar com a minha própria equipe de competentes profissionais na Harmony Books. Meu respeito e agradecimentos a Shaye Areheart e a todos na Harmony, na Crown e na Random House que assumiram este projeto como se fosse deles.

Sou grata por ter três pais que se orgulham de seus filhos, que os amam e os criaram sem expectativas e livres da raiva. Agradeço a meu pai maravilhoso o seu senso de humor e o seu amor incondicional e incentivador todos os dias da minha vida.

Minhas irmãs e meus irmãos são almas belas. Agradeço a Katy sua generosidade, e a Billy o fato de sempre oferecer sugestões pertinentes, a Jimmy sua presença constante ao meu lado e a Sarah e Lisa, minhas extraordinárias irmãs menores. Obrigada a todos vocês por sempre rirem de mim. Não há riso melhor do que aquele compartilhado com vocês. À minha família na Austrália, especialmente minha Wren, obrigada por trazerem tanta luz à minha vida.

Meus cães são minha alegria constante. Agradeço a Couscous e a Chickpea, que me mostraram que para escrever um bom livro é preciso sair para um passeio pelo menos quatro vezes por dia.

Ao meu James Bond pessoal, Jon: obrigada por percorrer o mundo, me encontrar e então me pegar pela mão e me mostrar que a vida é uma festa. Você é todas as coisas maravilhosas, meu homem adorável. Obrigada por aquecer meu coração e me manter a salvo.

Entrar em contato com o divino é ter recebido o maior de todos os presentes, a confirmação de que há mais. Quase todas as pessoas que contribuíram com uma história para este livro me disseram que se sentiram chamadas a compartilhá-la. Acredito que fomos todos reunidos por uma razão, e uma razão muito forte! Considero essa a nossa jornada.